Gregor M. Schmid

DIE MONGOLEI

DIE MO

Gregor M. Schmid

NGOLEI

nymphenburger

WEITES LAND

In der Mongolei ist Weite eine Erfahrung. Wer sich im Land der Grassteppen, der Täler, Gebirge, Schluchten und mäandernden Flüsse bewegt, für den bekommt der Begriff Weite eine neue Dimension. Vor allem ist es die Weite der Steppe, die das Land von Norden her über Sibirien als breite Hochebene nach Süden hin durchzieht und allmählich in die Wüste übergeht. Was Weite sein kann, ahnt nur der, der in diese Steppe vordringt, um sie zu erleben und zu erfahren, und der beobachtet, wie sich die Welt in der Unendlichkeit am Horizont verliert. Manchmal begrenzen Hügel- und Bergketten den Blick, nicht jedoch in der Wüste Gobi, wo jede Begrenztheit aufgehoben scheint. Der klare, oft zum Greifen nahe Himmel vergrößert den Eindruck der Unendlichkeit, zu dem sich gerade in Gegenden, in denen kein Baum oder Berg zu finden ist, ein Gefühl der Widerstandslosigkeit gesellt. Es gibt keine Begrenzungen und unsere Augen, die ganz anders zu sehen gewohnt sind, schätzen die Entfernungen in der klaren Luft oft völlig falsch ein und Berge erscheinen beim Annähern oftmals in gewaltigen Dimensionen. Es ist wie ein beständiges Wechselspiel von Mensch und Natur. Und wer sich in die Klarheit und Weite dieser Landschaft begibt, der wird von ihr geprägt und nimmt diese Erfahrung mit, wohin er sich auch immer begeben mag.

Rinder in der Weite der Ebene bei Karakorum.

Der unberührte Naturraum mit seinen nahrhaften, kräuterreichen Böden ist natürlich auch ein Tierparadies – vom mongolischen Pferd über Kamele, Steinböcke, Wildschafe, Gobibären, Maral-Hirsche und Wölfe bis zu den Yaks und der Kaschmirziege findet man eine große Artenvielfalt. In der Luft ziehen Adler und Greifvögel ihre Kreise und in den Gewässern tummeln sich Fische in unvorstellbarer Zahl.

»Ohne sein Pferd ist der Mongole kein vollwertiger Mensch«, heißt ein mongolisches Sprichwort. Ein Mongole in der Steppe ist ohne Pferd nicht denkbar. Und auch noch heute essen die Mongolen nicht nur Pferdefleisch, sondern lieben auch die Stutenmilch »Airak«. Die Pferde sind kleiner als die arabischen und europäischen Rassen, sie sind sehr widerstandfähig und sind, trotz aller moderner Entwicklungen, noch immer neben Pritschenwagen und Lkw das Transportmittel für alles, was der Nomade mit sich führen muss, wenn er seine Standorte wechselt.

Pferd und Reiter scheinen miteinander verwachsen zu sein. Mit unglaublicher Geschicklichkeit wurden einst im Kampf in vollem Galopp zielsicher Pfeile auf die Gegner abgeschossen und noch heute ist es mehr als eindrucksvoll zu beobachten, wie davonstiebende Pferde mit einer langen Stange, »Uurga«, an deren Ende eine Schnurschlinge befestigt ist, eingefangen werden.

Nikolai Przewalski, ein russischer Tierforscher, entdeckte 1881 in Zentralasien Schädel und Fell eines Wildpferdes. Die folgende Suche nach Wildpferden, »Takhi«, führte 1900 zum Fang von zweiunddreißig Jungtieren. Elf Fohlen dienten zur Weiterzucht der Rasse – zum Glück, wie man aus heutiger Sicht sagen kann, denn einige dieser Tiere wurden nach Europa in Gehege versetzt und in den letzten Jahren in spektakulären Flugtransportaktionen wieder von dort in ihre angestammte Heimat, der mongolischen Grassteppen zurückgebracht, wo sie in den Sechzigerjahren ausgestorben waren. Heute gibt es weltweit nur noch tausend Przewalski-Pferde, davon dreihundert in Naturreservaten der Mongolei.

Die Zahl der mongolischen Kamele macht zehn Prozent des gesamten Weltbestandes aus. Bis vor wenigen Jahren waren sie unentbehrlich, um Güter durch die wasserlose Wüste zu transportieren. Kamele kommen zehn Tage ohne Wasser aus und können bis zu 280 Kilogramm Gepäck tragen. Das Fell der Kamele wird zur Kamelwolle verarbeitet, die jedoch nicht ganz so fein wie das der Kaschmirziege ist.

Vielleicht eines der typischsten Tiere der Mongolei ist der Yak. Weltweit gibt es fünfzehn Millionen Tiere, von denen zwanzig Prozent in der Mongolei leben. Die Yaks sind wichtige Fleisch-, Käse- und Milchlieferanten und dienen auch heute noch (immer seltener) als Transporttiere beim Umzug der Nomadenfamilien. Der mongolische Yak ist eine Kreuzung aus tibetischem Yak und mongolischem Rind, das Chajnag heißt. Mond-Chajnag nennt man das Kalb einer Yakkuh mit einem Stier, Sonnen-Chajnag das einer Kuh mit einem männlichen Yak. Nur die weiblichen Kälber sind fruchtbar, die Bullenkälber hingegen durch die Rückzüchtung bis in die dritte Generation unfruchtbar. Die vom Yakfell gewonnene Wolle ist vom Flaum der Kaschmirwolle kaum zu unterscheiden, jedoch langfasriger und strapazierfähiger als diese, wodurch sie sich sehr gut zum Verweben eignet. Und so wird Yakwolle heute bevorzugt für Decken und zu Polstermaterial verarbeitet.

Yakbullen sind mit 250 bis zu 550 Kilogramm eindrucksvolle Gestalten, die kleineren weiblichen Yaks mit nur 180 bis 350 Kilogramm geben in der Laktationsperiode zwischen 350 und 400 Liter Milch. Yaks ernähren sich ausschließlich von Kräutern. Ihre Milch hat ungefähr einen doppelt so hohen Fettgehalt wie die Kuhmilch und ist daher bestens zur Erzeugung von Käse geeignet. Dieser harte und sehr aromatische Käse wird in den Sommermonaten nach uralter Tradition von den Nomaden hergestellt. Noch häufiger als zu Käse wird diese Milch jedoch zu Butter verarbeitet, die gesalzen und für empfindliche Mägen gewöhnungsbedürftig ist. Doch was wäre das Reisen, wenn man überall nur auf das Gewohnte und Vertraute treffen würde.

Eingezäuntes Land, »Khashaa«, mit »Ger«, Jurte,
das man so nur in orts- und stadtnahen Gebieten findet.

Folgende Doppelseite:
Flusslandschaften, die unreguliert und wild ihr Bett gebildet haben
und zu allen Jahreszeiten besonders aus der Luft die
schöpferische Kraft der Natur versinnbildlichen.

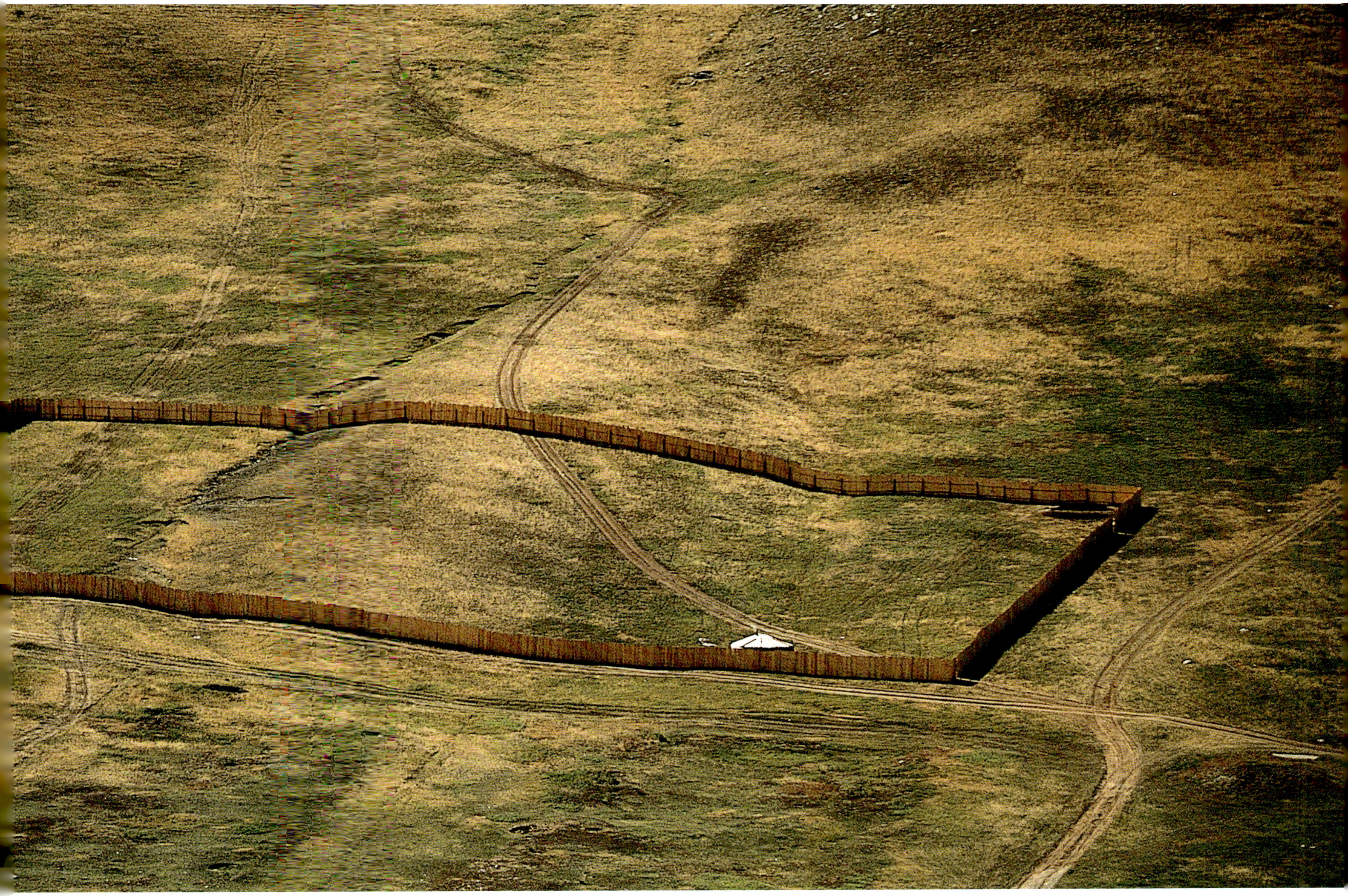

Der Fluss Tool bei Ulaanbaatar im Herbst.

Der Fluss Tool vor Tereltsch im Frühsommer.

Przewalski-Wildpferde, »Takhi«, die im Naturpark Hustain Nuruu wieder in ihren ursprünglichen Lebensraum zurückgeführt wurden.

Galoppierende Pferde in der Talebene bei Jargalant.

Am frühen Morgen bei den Nomaden im Gebiet um Ikhsüüj

Am frühen Morgen bei den Nomaden bei Jargalant.

Im Tal von Tereltsch, das gelegentlich auch als die Schweiz der Mongolei bezeichnet wird, werden ebenfalls die Pferde mit der »Uurga« gefangen.

Rechte Seite: Ein Pfeife rauchender Mongole bei Zuunmod. Die Pfeife, »Gaans«, besteht aus einem Holzteil, dem Mundstück aus Halbedelstein und dem vorderen Rauch- oder Kopfteil, das meist aus getriebenem Silber gefertigt ist.

Schafe in eisiger Abendstimmung bei Narst.

Ein Kameltreiber in der südlichen Gobi, der seine mit Wolldecken geschützten Tiere zu seinem »Ger« treibt.

Folgende Doppelseite, links oben: Ziegen im Orchon-Tal bei Karakorum.
Links unten: Am Fluss Tool mit Ger bei Gatschuurt.
Rechts: Tägliche Arbeit einer Nomadin mit Melkschemel bei Khujirt.

Oben: Milch-Kiosk, der mitten in der Landschaft steht; auf der Tafel steht oben in der Mitte »Airak«, Stutenmilch, rechts daneben »Suu«, Kuhmilch, links darunter »Tarag«, Joghurt, und daneben rechts »Es wird verkauft«.
Unten: Der Yak ist wegen seines Fells mehr für die höheren Regionen ab 2000 Meter geeignet.

Luftgetrockneter Quark, »Aaruul«, hier im Altai-Gebirge »Khurs«, schmeckt ähnlich wie Parmesan, jedoch nicht so salzig wie dieser.

ZU HAUSE BEI DEN NOMADEN DER STEPPE

In der malerischen Landschaft der Steppe fallen schon von weitem weiße Punkte auf: die Jurten, die »Ger« genannt werden. Sie sind das Zuhause der Mongolen und Kasachen, die als Nomaden die Steppe besiedeln, während die Buryaten im Nordosten des Landes hauptsächlich in festen Behausungen, meist in kleinen Holzhäusern, leben. Fast die Hälfte der insgesamt 2,7 Millionen Menschen lebt in Ulaanbaatar – mit steigender Tendenz; die andere Hälfte verliert sich in der Weite der Steppen, was zu einer der geringsten Bevölkerungsdichten der Welt führt: eineinhalb Personen pro Quadratkilometer.

Schon seit über zweitausend Jahren leben die Nomaden in Jurten, die perfekt an ihre Lebensumstände angepasst wurden. Heute ist die Jurte ein vollendetes Konstrukt, das simpel erscheint und doch bis ins kleinste Detail auf die Bedürfnisse der Nomaden zugeschnitten ist. Ihre Bauteile sind: ein Holzbretterboden, vier Scherengitter, Dachstangen, eine gerahmte Holztür und ein Dachkranz, der auf senkrechten Holzsäulen befestigt wird. In wenigen Stunden sind diese Einzelteile auf- und abgebaut. Sie lassen sich gut transportieren und ergeben, mit Schnüren und Seilen zusammengefügt, eine geräumige Behausung. Zur Innenausstattung gehört zudem ein Ofen, der im Zentrum der Jurte steht und dem ein Rauchrohr aufgesetzt ist, das über die Öffnung des Dachkranzes den Rauch nach außen abführt. Durch das dort einfallende Licht können die Nomaden die Tages-, bzw. die Uhrzeit bestimmen. Der Nomade besitzt nicht mehr, als er mit sich führen kann, besagt eine mongolische Tugend.

Das Innere des Rundraumes ist in unterschiedliche Funktionsbereiche aufgeteilt und Männer, Frauen, Kinder und Gäste haben ihre festen Plätze. Die mongolische Jurte ist mit ihrer Tür immer nach Süden hin ausgerichtet. Für die Mongolen bedeutet links = Osten, rechts = Westen, hinten = Norden, vorn = Süden. In der Jurte ist links die Seite der Frau und des Haushaltes, rechts die Seite des Mannes und hinten die Seite des Ehrengastes, die Mitte bildet das Zentrum des Alltags, die Feuerstelle und der Ort der Nahrungszubereitung; da hier auch Licht und die Sonne durch den offenen Dachkranz einfallen, symbolisiert sie den Lebenserhalt. Zugleich wird das Zentrum des Jurtenraumes immer im Uhrzeigersinn umschritten, wie es in Asien bei heiligen Stätten üblich ist; anderen Menschen wendet man sich immer mit der rechten Körperseite zu und symbolisiert damit das Gute. Die vorderen Plätze neben der Türe sind Arbeiten zugedacht. Dem Ältesten gebührt stets der hintere rechte Platz; denn das Alter kommt vor dem Rang. Auf der linken Seite ist der Platz für die geehrte Besucherin. Junge Mädchen setzen sich links, Jungen rechts neben die Tür. Die Einrichtung besteht aus Tisch, Hocker, Bett, Kommode mit Schubladen, Schrank und Bett, in den letzten Jahren immer öfter auch ein Waschtisch mit einer kleinen Tür, hinter der sich ein Kübel zum Wasserfang befindet.

Der Standort einer Jurte wird je nach Jahreszeit gewechselt. Im regenreichen Frühjahr zieht die Familie in die Weidegebiete. Trockene Sommer zwingen durch Futter- und Grasmangel zum oftmaligen Standortwechsel. Im Herbst, der wieder von starken Regenfällen gekennzeichnet ist, verweilt man meist am selben Ort. Und auch für die Winterzeit sucht man sich eine feste Bleibe.

Durch diese ständigen Ortswechsel hat sich die Jurte als Behausung über Jahrhunderte bis in die heutige Zeit hinein hervorragend bewährt. Die Grundkonstruktion ist dieselbe wie früher, lediglich bei der Möblierung und der Innenraumgestaltung ergaben sich einige Veränderungen. Während der sowjetischen Vormachtstellung wurde in der Mongolei die maschinelle Herstellung von Konstruktionselementen wie Holzscherengitter, Dachstäben, Dachkranz sowie der Dekor vereinheitlicht und auf ein Einheitsmaß gebracht. Dies gilt bis zum heutigen Tag. Ihre weiße Farbe ist von tiefer Bedeutung, der weiße Filz der Jurten symbolisiert die vorbeiziehenden Wolken und den Frühling, weil die Stutenmilch nun nicht mehr den Fohlen gegeben werden muss.

Ebenso traditionell wie die Behausung ist auch die Kleidung der Mongolen. Den Spitzhut oder die Spitzmütze, die eigentlich aus Tibet stammen, nennt man »Janjjin Malgai«; den Männerhut mit breiter Krempe »Burkh Malgai«; die meist sehr bunte Kleidung mit Stumpfkragen und den Silberknöpfen stammt ursprünglich aus China und heißt »Deel«, Winter-Deel = »Nehii Deel« bzw. »Ustei Deel« und Sommer-Deel = »Terleg«, das um die Hüfte gebundene Tuch »Deeliin Bus«, die mongolischen Stiefel »Mongol Gutal«. »Zalaa« ist der besonders bei Ringkämpfen getragene Spitzhut mit befestigten roten Stoffstreifen über der Schulter, der je nach gewonnenen Kämpfen eine bestimmte Anzahl von gelben Streifen aufweist. Diese »Zalaa« trugen früher die Beamten oder ranghohe Mitglieder der Gesellschaft wie »Gun«, »Van«, was so viel wie Fürst bedeutet.

Rechts: Kasache mit typischem Kasachenhut.

Nomaden-Ger beim Orchon-Wasserfall.

Nomadinnen mit ihren langen pechschwarzen Haaren bei Olgiy.

Traditioneller Nomadenumzug mit Rind am Huvsgul-See.

Moderner Nomadenumzug mit Lkw, hinten der Dachkranz, »Toono«, eines Ger.

Oben: Nach alter Überlieferung lassen sich alle Teile eines Ger zerlegen
und von den Nomaden zum Transport zusammenpacken.
Unten: Dachkranz eines Kasachen-Ger mit traditionell handgefertigten Teilen wie »Üni«,
Dachstreben, und dem quadratischen Tuch mit kasachischem Muster darauf.

Mongolische Ger am Bahndamm der Transsibirischen Eisenbahn.

Folgende Doppelseite, links:
Typisch kasachische Ornamente von Teppichen, Wandbehang und Bettdecken.
Rechts: Kasachisches Ger mit Kinderbett, links oben hängen Adlerfedern.

Das Innere eines Ger ist immer nach den gleichen Prinzipien aufgeteilt:
Der Arbeits- und Aufenthaltsraum der Frau befindet sich immer von Süden her gesehen rechts, der des Mannes immer gegenüber der Eingangstüre hinten in der Mitte und der des (Ehren-)Gastes links daneben; Mädchen sitzen rechts und Jungen links neben der Tür.

Eine Nomadenfamilie in der südlichen Gobi. Die Frau erhitzt gerade auf dem Herd Reis, um ihn dann, mit Milch aufgeschüttet, zum mongolischen Tee »Suutei Tsai« aufzubereiten.

Vier Varianten mongolischer Nomadenspitzhüte der Frauen
aus Samt und Seide und mit Verzierungen aus Brokat.

Die Seidenstoffe der »Deel«, Mantelkleider, stammen meist aus China und Indien.
Links unten sieht man eine Hutschleppe, »Zalaa«, die über den Schulterrücken hängt.

OZEANGLEICHER HERRSCHER – DSCHINGHIS KHAN

Es ist der Himmel, der im Gedächtnis bleibt: Als ein riesiges blaues Zelt überspannt er die ungeheure Weite des Landes. Weiße Wolkengebirge türmen sich auf und verfliegen wieder am Horizont. Wie Inseln tauchen kahle Bergzüge in der dunstigen Ferne auf. Das Licht wechselt rasch, wenn eines der Wolkenungetüme über uns hinwegzieht, und über die Steppe streicht der Wind und bewegt die Gräser wie die Wogen des Meeres.

Und dieser Anklang an das Meer, den unermesslichen Ozean, stammt von den Bewohnern des Landes selbst. »Dschingis Khan« nennen sie den wohl bedeutendsten Mongolen der Weltgeschichte. »Khan« bedeutet Herrscher und »Dschingis« (Cengiz) ist der Begriff für das Meer und zugleich ein Synonym für die Grenzenlosigkeit und Unendlichkeit des zentralasiatischen Hochlands mit seinen weiten Steppen, Stein- und Sandwüsten.

Das Gebiet der Mongolei wurde schon in frühesten Zeiten von nomadisierenden Reitervölkern durchzogen. Ihre Ursprungssagen und Mythen gleichen sich: So ist der graue Wolf bzw. eine Steppenwölfin ihr gemeinsames Totem-Tier. Verbreitet ist auch die Sage vom eisernen Schwert, das als Zeichen der Herrschaft vom Himmel fiel.

Abwechselnd beherrschten sich die Steppenvölker-Stämme gegenseitig, bildeten Bündnisse, schlossen sich zusammen und fielen ins chinesische Reich ein. Gegen die permanenten Raubzüge aus dem mongolischen Norden errichtete China an der Nordgrenze seine großen Mauern. Der erste Wall entstand um 210 v. Chr., die heute noch bestehende Große Mauer (mongolisch »Weiße Wand«) wurde im 15. Jahrhundert erbaut. Über 1700 Jahre dauerte also die Bedrohung des mächtigen Reiches der Mitte durch Mongolen und andere Reiterkrieger. Deren kriegerischer Elan war sprichwörtlich und gefürchtet sowohl im asiatischen Südosten wie im europäischen Westen. Perfekt war ihr Umgang mit Reflexbogen und Pfeilen, von denen fast jeder traf. Mit blitzschnellen Reiterattacken, taktischen Rückzügen und der Einkreisung der gegnerischen Heere besiegten sie ihre Gegner, plünderten Dörfer und Städte aus und kehrten mit Beute beladen zurück in ihre gewohnten Steppen, wo sie für Gegenoffensiven nicht mehr greifbar waren. Hin und wieder kam es zu Kämpfen um Weidegründe und Oasen innerhalb der mongolischen und türkischen Stämme selbst. Dann wichen die Besiegten aus und wandten sich nach Westen. Auf diese Weise kamen im 4. Jahrhundert die Hunnen und im 6. Jahrhundert die Avaren nach Europa. Sie führten hier den Gebrauch von Steigbügeln und den festgegurteten Sattel ein.

Im 6. Jahrhundert entstand das erste türkische Reich. Von ihm künden noch erhaltene Steinfiguren und alttürkische Inschriften im Tal des Orchon. Nach dem Titel der Stammesführer »Khan« nennt man die Herrschaftsbildungen der Steppennomaden »Khanate«. Alle zukünftigen Großreiche in diesem Gebiet versuchten, den lukrativen Handel auf dem nördlichen Zweig der Seidenstraße unter ihre Kontrolle zu bringen. Seit dem 9. Jahrhundert herrschten die Uiguren, auch sie ein Turkvolk. Sie entwickelten die uigurischen Schriftzeichen, die später von den Mongolen übernommen wurden und bis ins 20. Jahrhundert in Gebrauch waren. Es folgten mehrere kurzlebigere Reichsbildungen türkischer und mongolischer Provenienz.

Zur Wende vom 12. zum 13. Jahrhundert beginnt jenes dramatische Kapitel der Weltgeschichte, das die Europäer mit dem Wort »Mongolen« in erster Linie verbinden: Der Aufstieg Dschingis Khans und die Schaffung des größten Imperiums, das die Menschheit je gekannt hat. Temüdschin – so sein Geburtsname, in dem das Wort für »Eisen« steckt – wurde wohl um 1162 als Sohn eines kleineren Stammeshäuptlings geboren. In unaufhörlichen Kämpfen gelang es ihm, die Vielzahl der zersplitterten mongolischen und türkischen Stämme und Clans unter seiner Führung zu vereinigen. 1206 wurde ihm auf dem »Kuriltai«, der Versammlung aller Khane, der Titel Dschingis Khan verliehen. Das Jahr 1206 gilt als das Gründungsdatum des mongolischen Staatswesens.

Dschingis Khan war sich bewusst, dass seine heterogene Gefolgschaft nur durch andauernde Kriegstätigkeit und permanente Expansion zusammenzuhalten war. Und so folgte Eroberung auf Eroberung, nicht immer gewaltsam, sondern auch durch freiwillige Unterwerfung und Tributlieferung. Im Süden wurde Peking eingenommen und im Osten Korea erobert. Im Südosten drangen seine Heere in den muslimischen Kulturbereich ein und vernichteten das persische Chwarezm-Reich. 1223 trafen sie nördlich des Schwarzen Meeres auf ein russisches Heer, von dem nur wenige überlebten. 1227 starb der »ozeangleiche Herrscher« nach kurzer Krankheit. Über sein Leben sind wir gut informiert. Eine Chronik, die »Geheime Geschichte der Mongolen« (geheim, weil ihre Kenntnis dem Herrscherhaus vorbehalten blieb), berichtet ausführlich von seinen Taten und Werken. Mit ihrer Niederschrift wurde schon kurz nach dem Tod Dschingis Khans begonnen. Die Geheimgeschichte berichtet auch, dass der Khan am Heiligen Berg Burchan Chaldun beigesetzt wurde. Seine Grabstätte wurde aber bis heute nicht gefunden.

Vom Pazifik bis zum Kaukasus dehnte sich sein Reich aus, das seine Erben bis 1260 noch beträchtlich erweiterten – über ganz China, Russland und den Nahen Osten. 1242 erschienen die Mongolen vor Krakau, in Schlesien und in Ungarn, zogen sich von da aber wieder zurück. Religiöse Überzeugungen spielten im mongolischen Reich eine untergeordnete Rolle. Unter den Großkhanen herrschte eine bemerkenswerte religiöse Toleranz. Schon das hebt das Mongolenreich ab von den traditionellen Wertungen der christlichen wie auch der muslimischen Geschichtsschreibung, die in den Mongolen »Tartaren« sahen, Ausgesandte des Tartaros, der Hölle, die Zerstörung und Mord brachten. Sicher, wer Tribut verweigerte und sich trotz der Aufforderung zur Unterwerfung wehrte, wurde rücksichtslos vernichtet, wie zahlreiche russische Städte und die muslimischen Kulturzentren Buchara und Bagdad.

Doch andererseits herrschte innerhalb des riesigen Vielvölkerreiches Frieden, eine Art »Pax mongolica«, die das seit jeher gespannte Zusammenleben von umherschweifenden Steppenvölkern und sesshaften Stadtbewohnern durch Gesetzgebung regelte. »Eine Jungfrau«, so hieß es, »könne mit einem Teller voll Gold ohne Furcht von einem Ende des Reiches zum anderen wandeln.« Der Handel an der Seidenstraße blühte auf und intensivierte den Warenstrom von Ost nach West. Ein ausgeklügeltes Post- und Kuriersystem diente der Kommunikation und der Verbreitung von Nachrichten und Befehlen in Windeseile. Die Mongolen selbst und ihre türkischen Hilfsvölker bildeten freilich nur eine ganz schmale Führungsschicht. Die Verwaltung und Besteuerung der Untertanen war weiterhin die Aufgabe der einheimischen Fürsten, die einen Teil der Einnahmen davon abliefern mussten. Die Kultur der unterworfenen Völker, z. B. das orthodoxe Christentum in Russland, blieb auf diese Weise unbehelligt.

Immerhin 150 Jahre – das entspricht fünf Generationen der damaligen Zeit – hielt sich die Oberherrschaft der Mongolen über mehr als die Hälfte der Alten Welt, wenn auch nicht mehr als ganzes Imperium, sondern als lockerer Verband mehrerer Großkhanate oder »Horden« (»Ordu« bedeutet Heerlager). Dynastische Rivalitäten, innere Spannungen und das Wiedererstarken der chinesischen, iranischen und russischen Untertanen leiteten den Niedergang ein und zu Beginn des 15. Jahrhunderts war ihre Macht überall gebrochen. Karakorum fiel bereits 1388 einem Feldzug der Chinesen zum Opfer. Das mongolische Herzland selbst wurde mehrfach aufgeteilt und geriet unter wechselnde Fremdherrschaft: Chinas, der Mandschurei und zuletzt der Russen.

In Dadal, dem angeblichen Geburtsort Dschingis Khans, wurde 1962 dieses Denkmal errichtet.

Die sowjetrussische Hegemonie ließ Dschingis Khan dem bewussten Vergessen anheim fallen. Nichts sollte mehr an ihn erinnern, keine geschichtliche Darstellung, kein Bild, kein Schulbuch. Er galt als feudaler Ausbeuter und Vorstand eines imperialistischen Raubstaates. Und sicher spielten auch tiefe russische Ressentiments gegen die mehrhundertjährige Herrschaft der Mongolen über Russland eine Rolle. Doch in der Tradition der mongolischen Bevölkerung blieb der große Khan immer verankert, als Einiger und gerechter Herrscher wie als Verkünder von Lebensregeln und Erkenntnissen. So verwundert es nicht, dass Dschingis Khan nach dem Ende der kommunistischen Parteiherrschaft augenblicklich wieder präsent war. In Liedern, Schauspielen, auf Briefmarken wie in zahlreichen Gedenkstätten und Statuen wird er gefeiert. Und zwar nicht als militärischer Weltenstürmer, sondern als weiser Staatsgründer und Verteidiger der mongolischen Eigenständigkeit. Jede politische Gruppe interpretiert ihn dabei auf ihre Weise: die einen als Wahrer von Disziplin, Ordnung und als Bekämpfer der Korruption, die anderen als (neo-)liberalen Förderer von Handel und schrankenloser Bereicherung. Auf jeden Fall stellt er die einzige nationale Symbolfigur dar, mit der sich alle Mongolen – und sogar die Minderheiten der turksprachigen Kasachen und Tuwiner – zu identifizieren vermögen. Sein Denkmal im Khentii-Aimak, seiner Heimat, ist zu einer Art Nationalheiligtum geworden. Ausländische Besucher sehen ihn zuerst auf den Banknoten der mongolischen Währung Tugrik und nähern sich ihm in einer höchst interessanten Dauerausstellung im Mongolischen Nationalmuseum in Ulaanbaatar, in Karakorum und an vielen anderen Orten. Bücher, Romane, Videospiele und durchaus gelungene Dokumentar- und Spielfilme verbreiten seine Popularität unter den Mongolen weiter.

Text: Dr. Brigitte Moser-Weithmann

Oben: Eine nach historischen Vorbildern eingerichtete Palastjurte dient heute den Besuchern als Restaurant.
Rechts: Denkmal für die erste historische Zusammenkunft, den Rat »Ikh Khuraltai«, beim Ort »Chentii« Provinz Binder, in der Nähe des Flusses Onon, wo Dschingis Khan zum »Ozeangleichen Herrscher« der anderen Stammesfürsten ernannt wurde. Auch das heutige Parlament nennt sich »Staats Ikh Khural«.

Linke Seite:
Dieses nachgebaute Dschingis-Khan-Ger in einem Freizeitcamp nahe Ulaanbaatar beherbergt heute die Requisiten (siehe nebenstehende Seite 57 links unten), die beim Dschingis-Khan-Film in der Mongolei eingesetzt wurden.

Auf einem Hügel südlich des heutigen Ortes Karakorum steht dieses Panoramadenkmal zur Erinnerung an die Eroberung und die Weltherrschaft der Mongolen, vom Pazifischen Ozean bis Europa, Lignitz in Polen und Wien.

Bei Dadal Sum Balj Bag im Buryatenhaus von Dorj Zunduidagva.
Er behauptet von sich, ein direkter Nachfahre Dschingis Khans zu sein,
und ist Sammler von alten Geräten und Tierpräparator.

MITTELPUNKT KARAKORUM

Ein geschmiedeter Torbogen mit der Aufschrift »Karakorum« kündet im Nordosten schon einige Kilometer vor der Stadt das begehrte Ziel an, doch was den Besucher dort zunächst erwartet, gleicht mehr einer geschlossenen Festung. Die Stadt Karakorum liegt 365 Kilometer von Ulaanbaatar entfernt, in einem weit ausladenden Tal des Orchon, des längsten Flusses der Mongolei. Karakorum gehört zur politischen Provinz, »Aimak«, Uwurchangai und ist mit 1,87 Millionen das tierreichste Aimak der Mongolei.

Dschingis Khan hatte Karakorum im Jahr 1220 gegründet, als erste Stadt des mongolischen Staates. Sie wurde zu einem Macht- und Kulturzentrum, zu einem bedeutenden Handelsplatz und blieb immer Schmelztiegel unterschiedlicher Nationen, Religionen und Kulturen.

Bis zu fünfzehntausend Menschen lebten hier, ein Gemisch aus Mongolen, Chinesen, Türken, Persern und Arabern. Auch Deutsche und Ungarn waren bis nach Karakorum gekommen, als Kunsthandwerker, die freiwillig in die Dienste der Khane traten. Großkhan Möngke, der jüngste Sohn Dschingis Khans, legte großen Wert auf den Ausbau der Residenz. Da die Mongolen als Nomadenvolk jedoch kein Handwerk betrieben, waren die Handwerker aus dem Ausland sehr gefragt. Um die Versorgung der Stadt zu sichern, wurde die Steppe von chinesischen Fachleuten, die ins Land beordert wurden, urbar gemacht und ein Bewässerungssystem angelegt. Nach den Aufzeichnungen des holländischen Franziskanermönches Wilhelm von Rubruk soll es im Palastzentrum einen Platz gegeben haben, in dessen Mittelpunkt ein Silberbaum gestanden habe, aus dem Drachenköpfe herausragten; zu Füßen des Baumes waren vier Löwenfiguren platziert, aus deren versilberten Mäulern berauschende Getränke sprudelten. Das Kunstwerk stammte vom französischen Kunstschmied Wilhelm Boucher, der als Gefangener am Hof des Großkhans Möngke lebte.

Ausgegrabene Steinschildkröte des historischen Karakorum (Har Horin). Die Schildkröte ist für die mongolischen Buddhisten ein Symbol für »langes Leben und Frieden«; im Hintergrund erkennt man die heutige Klostermauer von Erdene-Zuu.

1388 wurde Karakorum von den Chinesen zerstört, 1415 durch Beschluss der mongolischen Reichsversammlung wieder aufgebaut, um dann doch im 16. Jahrhundert aufgegeben zu werden. An seiner Stelle wurde 1586 das buddhistische Kloster Erdene-Zuu errichtet, das heute wieder Mönche beherbergt. Es finden heute Zeremonien ebenso statt wie buddhistische Symposien.

Ausgrabungen deutscher und mongolischer Archäologen bewiesen, dass es den Khanpalast tatsächlich gegeben hat. Bemerkenswert ist auch, was die Archäologen zu Tage förderten: Schmiedearbeiten, Silber- und Goldstücke, eine Bronzegießerei, eine Glaswerkstätte, Wasser- und Abwasserkanäle und vieles andere mehr. Die Funde wirken wie Erinnerungsstücke an eine sagenumwobene Zeit.

Rechte Seite: Landschaften des Högnö-Han-Gebirges.

Linke Seite, oben: Im Tal des Orchon mit Ger.
Unten: Von Süden kommend blickt man auf die Karakorum-Klostermauer Erdene-Zuu, die in die Talebene eingebettet liegt.
Oben: Klostermauer von Erdene-Zuu.

Oben: Das Tempelmuseum Erdene-Zuu mit den typischen Schleppgaubendächern.
Unten: Ausgrabungsterrain Karakorum, an dem das Archäologische Institut Bonn beteiligt ist.

Oben: Ein buddhistischer heiliger Platz, »Suvarga«, in den Klostermauern von Erdene-Zuu.
Unten: Im Klosterhof von Erdene-Zuu stehen Rauchschalen mit »Weihrauch« zum Reinigen vor dem Eintritt in den Tempel.

Im Tempelmuseum von Erdene-Zuu sieht man einen Glücksdrachen
und Buddha »Dharmacakramudra«, derjenige, der das »Rad der Lehre dreht«.

Rechte Seite, oben: Buddha Amitabha.
Unten: Buddha Maitreya.

Zwei Schülermönche blasen mit Muscheln den »Ruf zum Gebet«, der immer paarweise geblasen wird.
Sie gehören der »Gelugpa-Tradition«, der Gelbmützentradition des tibetischen Buddhismus, an.

Rechte Seite: Die Mönchen strömen zu einer »Puja« im Gebetstempel.
Das oben über dem Portal angebrachte Rad symbolisiert das »Rad der Lehre« oder »Darma Dhakra«,
die flankierenden Tiere verweisen auf die erste Lehrrede des Buddha im Gazellenhain.

DAS NAADAM-FEST

Keine Nation der Erde ohne Fest und Freude am Feiern! Naadam – die drei Spiele der Männer – (»Eriyn Gurwan Naadam«) ist das große Fest der Mongolei mitten im Sommer. Es lässt jedes Mongolenherz höher schlagen. Seine Wurzeln gehen zurück bis in die Zeit der Alttürken, vielleicht sogar der Hunnen. Unter Dschingis Khan und seinen Nachfolgern wandelte sich das Naadam-Fest zu einem kämpferischen Wettbewerb der Soldaten des Kaisers. Es fand immer dann statt, wenn sich Gelegenheit dazu bot. Heute wird es in Ulaanbaatar in Erinnerung an die Revolution 1921 vom 11.–13. Juli als Staats-Naadam gefeiert. Zeitverschoben finden Naadam-Feste dann auch in den anderen Aimaks (Provinzen) statt. Neben den drei traditionellen Disziplinen Ringen, Reiten und Bogenschießen findet in Ulaanbaatar zusätzlich der Wettbewerb im Knochenschießen statt, der aber wie das Bogenschießen oftmals bei Naadam-Festen in den Aimaks fehlt.

Ringen ist die mongolische Liebslingssportart. Der Ringkampf wird über zwei Tage ausgetragen. Es treten 512 Ringer pro Naadam in 511 Kämpfen an, die nach einer Rangliste zusammengestellt werden, also beispielsweise Nummer 1 gegen Nummer 512, Nummer 2 gegen Nummer 511 usw. In bestimmten Runden darf jedoch der besser platzierte Gegner seinen Gegner bestimmen. Der Sieger wird nach einem K.O.-System ermittelt, dabei werden abgestufte Titel vergeben: Wer die fünfte Runde übersteht, darf sich »Natschin«, Falke, nennen; wer die sechste Runde übersteht, ist »Khartsaga«, Habicht; wer die siebte übersteht, ist »Dsaan«, Elefant; wer die achte übersteht, ist »Garid«, Garuda, ein adlerähnliches Tier, Fürst der Vögel und Feind der Schlangen; der Sieger wird als »Arslan«, Löwe, bezeichnet. Die Regeln dieses Wettkampfs sind denkbar einfach: Verloren hat derjenige, der den Boden nicht nur mit seinen Schuhsohlen, sondern mit einem Körperteil berührt. So kann sich ein Kampf, vor allem der Endkampf, über Stunden hinziehen, ohne dass sich die Zuschauer langweilen; spannungsvoll verfolgen sie das Geschehen, bis sich einer der beiden Kontrahenten eine kleine Blöße, das geringste Zeichen einer Unaufmerksamkeit erlaubt. Mongolische Ringer besitzen einen sehr guten Ruf; sie kämpfen sogar in Japans Sumo-Liga u. a. mit »Asashuro«, einem der erfolgreichsten Ringer überhaupt.

Ein weiterer Höhepunkt des Festes ist das Pferderennen durch die Weite der Landschaft ohne Bahnenbegrenzung, quer durch die staubige Steppenlandschaft. Die Zuschauer warten geduldig, bis sie die ersten Staubwolken nach mehr als zwanzig Minuten am fernen Horizont und die Reiterschar entdecken können. Gestartet wird in der Steppe je nach Altersklasse der Pferde in 12 bis 35 Kilometer Entfernung zum Ziel. Zugelassen sind zwei- bis siebenjährige Wallache, absoluter Höhepunkt ist das Rennen der Hengste. Auch zum Sammelplatz begleiten Zuschauer die Pferde. »Airak«, die Stutenmilch, mit der sie besprengt werden, soll ihnen Glück bringen, ebenso das Rauchgefäß, das um die fünf- bis zwölfjährigen Reiterinnen und Reiter kreist. Die ersten fünf Pferde, die durchs Ziel gehen, werden ausgezeichnet, wobei der Ruhm den Züchtern und dem Pferd zufällt und nicht dem Reiter. In der Umgebung der Rennbahn lagern Züchter, Jockeyfamilien und viele am Rennen Interessierte. Es ist ein Volksfest, Ort der Begegnung und Zurschaustellung der eigenen Sippe, der Kinder und der Pferde. Die Sieger werden am nächsten Tag im Stadion von Ulaanbaatar geehrt.

Das Bogenschießen findet in einem eigenen Stadion statt. Die drei Wettbewerbe heißen »Kalkh«, »Uriankhai« und »Buryat«. Die äußerst elastischen Bögen werden nur noch von einem Meister mit seinen Gesellen hergestellt. Sie bestehen aus Holz und Knochen, die Sehnen aus Schlangenhaut und anderem Material die Spitzen der hölzernen Pfeile sind abgerundet. Ziel des Wettschießens ist es, Ledergefäße, die eng aneinander gereiht sind, zu treffen. Kampfrichter zeigen durch Hüpfen und lang gezogenes Jaulen die Treffer oder Verfehlungen mit ausgestreckten Armen an.

Aus einem Zelt neben dem Gelände des Bogenschießwettbewerbs dringen seltsame Jammerlaute. Und was dort stattfindet, ist in der Tat bestaunenswert: das Knochenschießen. Die Ursprünge reichen zurück in die Zeit der Hirschjagd und so sind auch alle Knochen aus Hirsch-, Schaf- und Ziegenhorn. Gespielt wird in Mannschaften, wobei jeder Teilnehmer viermal zielen darf. Auf winzigen Schemeln sitzend, ein Bein kniend aufgestellt, das andere nach hinten gestellt, legt der Schießende sein schwarzes Schießbrettchen mit Rinne auf dem Knie auf. Von den Zuschauern geräuschvoll begleitet, versucht er, mit ruhigem Blick auf das etwa vier Meter entfernte Ziel, mit seinem Zeigefinger das Knochenstück dorthin schnellen zu lassen: einen Würfel, auf dem zwei weitere kleine Würfel liegen, die getroffen werden müssen. Es gibt mehrere Durchgänge, bis die besten Knochenschießer ermittelt sind.

Rechte Seite: Zum Naadam-Fest strömen die Menschen aus allen Richtungen herbei, ob als Gruppe auf einem Lkw oder paarweise mit dem Motorrad, oder nach alter Tradition hoch zu Pferde. Hier trifft man Bekannte und Freunde und tauscht sich aus.

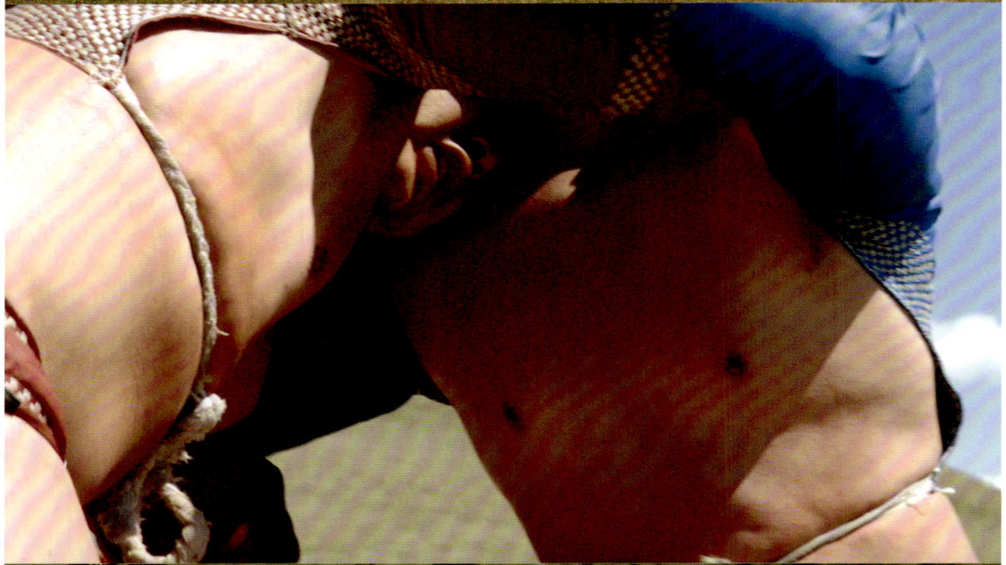

Ringen ist die mongolische Lieblingssportart und die Ringer werden gesellschaftlich hoch geachtet. Die Ringerkleidung besteht aus einer Schulterjacke, Hose und Stiefeln, die gesteppt sind, damit sie den Ziehkräften der Kämpfer gewachsen sind. War früher die Kleidung geschlossen, so wurde, als einmal eine Frau gewann, entschieden, dass die Weste, »Zodog«, offen und daher vorn gebunden zu tragen sei. Die Stiefel, »Gutal«, werden um die Sohle unten herum ebenfalls mehrfach nach oben hin gebunden. Manche Kämpfe, vor allem das Finale, bei dem um den Titel »Arslan« gekämpft wird, können stundenlang dauern. Wird der Gewinner beim nächsten oder einem anderen Naadam noch einmal Sieger, ist er »Dayn Avarga«, wenn er dann noch ein drittes Mal gewinnt, »Darkhan Avarga«.

Oben: Zuschauerinnen im Stadion in Ulaanbaatar.
Unten: Beim Naadam-Fest im Altai bei Olgiy begegnen sich Bekannte und Freunde und tauschen sich über Götter und die Welt aus.

Beim Naadam-Fest im Altai vor dem Ringkampf.

Im Zeltlager, wo man die Tage und Nächte während des Naadam mit seinen Angehörigen und Freunden sowie mit seinen Rennpferden verbringt, trifft man sich zu Pferd vor dem Rennen.

Vor und nach dem Naadam-Pferderennen
reitet man zu Freunden und Bekannten.

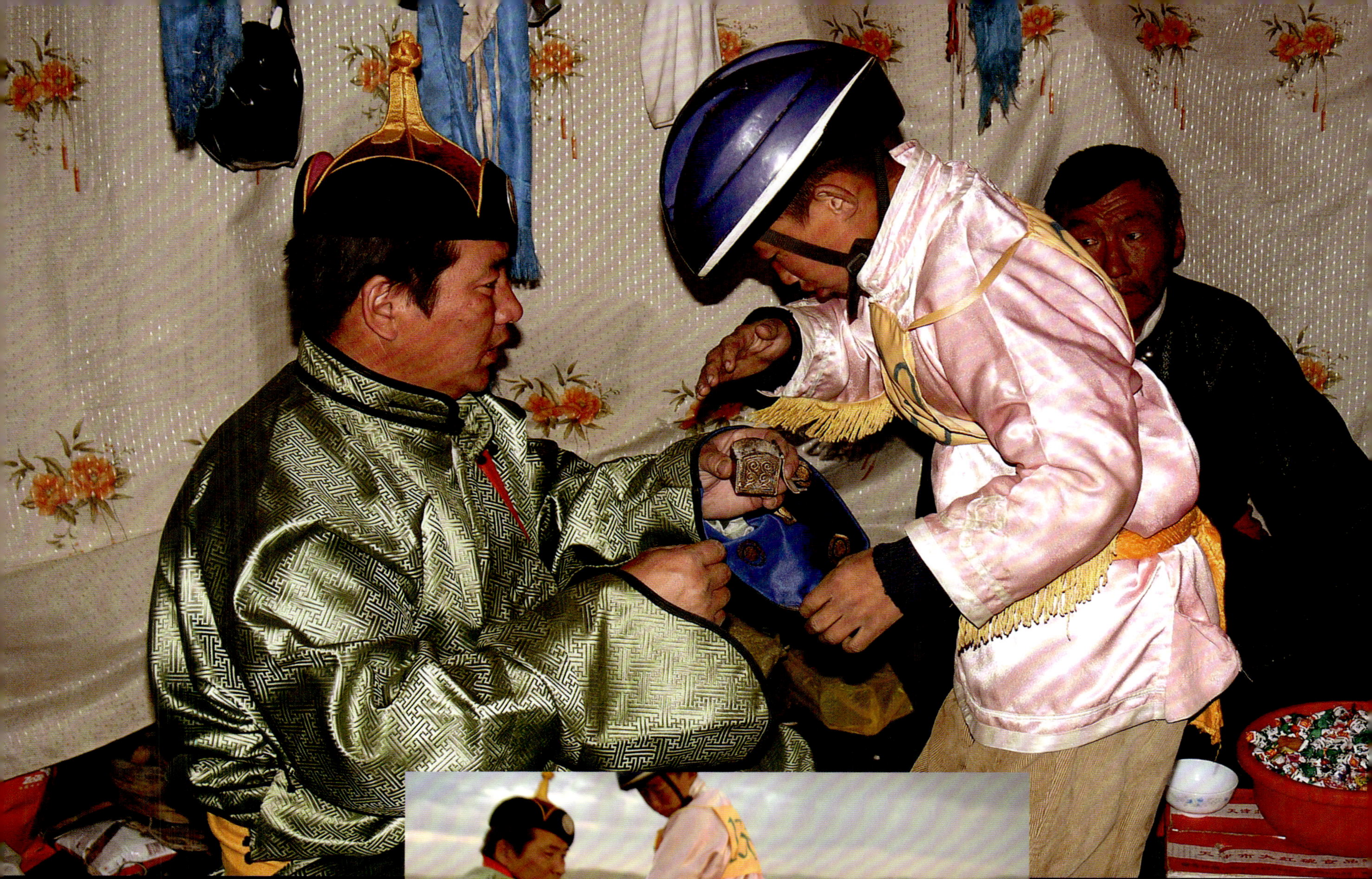

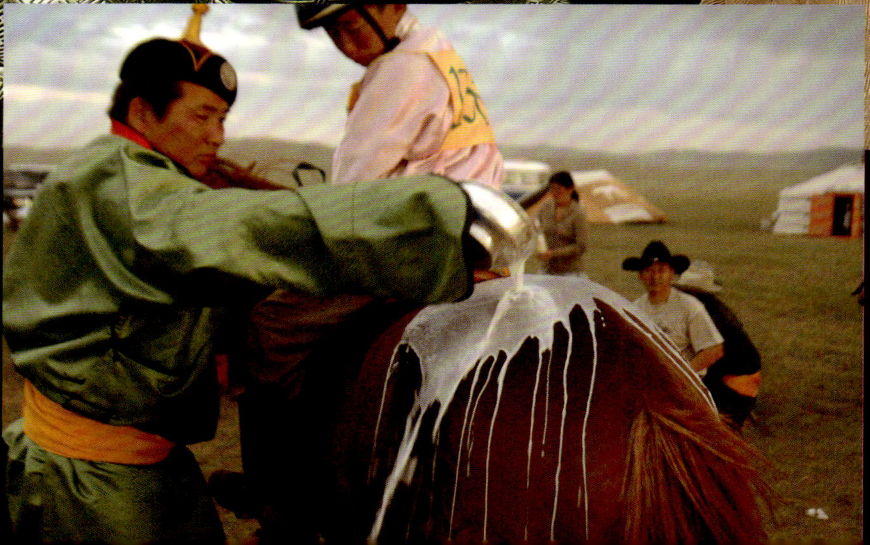

Oben: Am frühen Morgen segnet und weiht ein Vater seinen am Rennen teilnehmenden Sohn mit einem Weihrauchgefäß, damit ihm nichts passieren und er gewinnen möge. Unten: Bevor der Reiter in den Sattel steigt, wird das Pferd mit »Airak«, Stutenmilch, begossen, was Glück bringen soll.

Rechte Seite: Stolz präsentieren sich vor dem Pferde-

Folgende Doppelseite: Oftmals ergeben sich auf de langen Renndistanzen von 8 bis zu 35 Kilmeter, je nach Alter der Pferde, verschiedene Konstellationen denn es ist keine feste Route vorgegeben. Jeder ist gehalten, den kürzesten Weg zu finden, schließt sic den anderen an oder gibt als Erster die Führungslin vor.

Die führenden fünf Pferde werden auf den letzten fünfzig Metern von den Verantwortlichen der Renn-organisation in voller Mongolentracht ins Ziel begle tet. Nach dem Zieleinlauf werden die Pferdeköpfe u die Stiefel der Reiter sofort mit »Airak« begossen, d mit es keine Verwechslungen gibt und jeder diese Auszeichnung, »Myalaah«, erkennen kann. Man ne diese ersten fünf Sieger auch »Airak 5« oder »Airgi

572

92

Oben: Ein Bogenschütze, der sich vor dem Abschuss seines Pfeiles konzentriert –
hier einer, der mit dem linken Arm schießt und den Pfeil mit zwei Fingern am gespannten Bogenseil hält.
Unten: Schon früh übt man sich in der Kunst des Bogenschießens und
die begehrte Nationalkleidung darf dabei nicht fehlen.

Linke Seite, oben:
Vor dem Wettbewerb des Bogenschießens werden die Teilnehmer und Teilnehmerinnen auf die Regeln und die Fairness beim Wettkampf hingewiesen .
Unten: Eine Bogenschützin, »Sur Harvaach«, kurz vor dem Abschuss. Der Pfeil wird normalerweise nicht gehalten, sondern mit seiner Einkerbung und geringen Ausbuchtung am Seil oberhalb der Ziehhand angesetzt.

Oben: Der Haltearm des Bogens ist mit Leder umbunden. Wird die gespannte Sehne losgelassen, schnellt der Holzpfeil wie hier raketenartig weg.
Unten: Eine Bogenschützin verfolgt ihren schon auf Bogenhöhe geschossenen Pfeil.

Der Bogenschütze berichtet per Handy vom Ergebnis seines Bemühens.
Jeder zweite Bewohner Ulaanbaatars besitzt ein Mobiltelefon.
Oben rechts: Vor jedem Naadam-Fest sorgen Musikanten für Stimmung.
Unten rechts: Die Ehrenplätze beim Staats-Naadam im Stadion werden an privilegierte Personen vergeben.

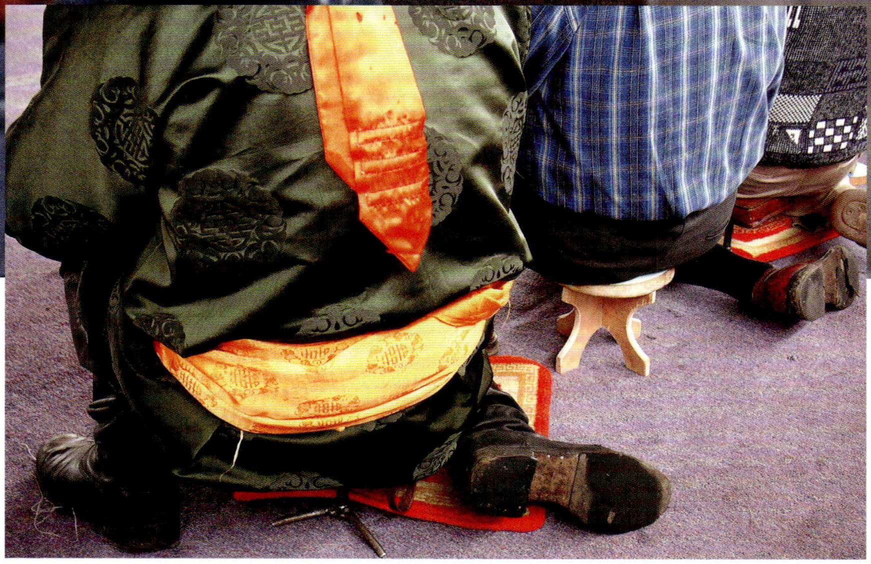

Oben: Auch das Knochenschießen, »Shagai Harva«, gehört zum Naadam-Fest. Die Knöchelchen werden meist aus Hirschhorn zurechtgefeilt und auf einem schwarzen, glatt-geschliffenen Holzbrett mit einer Führungsrinne mit dem Finger hinaus geschnalzt. Der Abstand vom Teilnehmer zum Zielkasten beträgt vier Meter. Jeder darf viermal schießen.
Unten: Die Höhe der Hocker ermöglicht, halb kniend zu sitzen.

FARBEN DER GOBI

Gobi, »Land ohne Wasser«, nennen die Mongolen die größte Wüste Asiens. Große Teile bestehen aus den schroffen Ausläufern des mongolischen Altai-Gebirges mit eingeschliffenen Tälern, aus Steppenlandschaft und aus Sandwüste. Wie in kaum einer anderen Naturlandschaft wechseln hier die Stimmungen von einer Minute auf die andere, spielen Sonne und Licht mit Farben und Kontrasten und lassen die Landschaften in fast übernatürlicher Schönheit erstrahlen.
Ausgangspunkt für Exkursionen in die Wüste ist für viele der Reisenden die Provinzhauptstadt Dalanzadgad, die ca. 540 Kilometer südlich von Ulaanbaatar liegt. In der Region leben Wildkamele, Antilopen, Wildesel, Wüstenechsen, Raubvögel, Steinböcke und Bergschafe. Aus der Ferne erblickt man oft dunkle Punkte in der Landschaft, die sich beim Näherkommen als Herden von Antilopen oder Wildeseln entpuppen. Knapp vierzig Kilometer von der Stadt entfernt trifft man Gebirgszüge, die aus der Steppe herausragen und durch kilometerbreite Flachtäler, Sanddünen und mit Steppengras bewachsene Hügel verbunden sind. Auch hier erschließen sich Farben und Formen der Landschaft erst, wenn man sich ihnen nähert, und hundert Meter hohe Sanddünen bilden eine großartige Kulisse für die Jurten.

Schon am Morgen werden die über Nacht in der Nähe des Ger angebundenen Tiere in die Umgebung gelassen.

Im Sauriertal Bayanzag ruhten einst an die hundert Skelette riesiger Saurier, die Wissenschaftler zu Tage förderten und die heute im Naturkundlichen Museum in Ulan-Bator zu besichtigen sind. Aber immer noch stößt man dort auf riesige Saurierknochen! Schädel, Schultern, Rippen, Schenkel, Eier; teils sandig ummantelt: »Konkretion« heißt diese Schicht aus mineralischen Ausscheidungen.
Der sich unmittelbar anschließende Saksaul-Wald mit seinen gekrümmten Wüstenpflanzen, die nur in Zentralasien vorkommen, hat schon so manchen Betrachter zum Schaudern gebracht, denn nicht selten glaubt man sich hier in direktem Kontakt mit fantastisch-mystischen Gestalten. Die Bäume aus eisenhartem Holz werden bis zu hundert Jahre alt und bilden tiefe, oft auch bizarr geformte horizontale Wurzeln. Für weitere Farbigkeit sorgt ein Canyon, dessen sandige Klippen in flammendes Rot getaucht sind, im Kontrast zu einer in sanften Tönen modellierten Dünenlandschaft und blau schimmernden Gebirgszügen mit tiefen, düsteren und schattigen Schluchten.
Auf dem Grund der »Yloyn Am«, der Geierschlucht, gab es bis vor wenigen Jahren bis in die späten Sommermonate hinein ewiges Eis zu bestaunen, das erst im Spätherbst taute. Und die letzten Strahlen der untergehenden Sonne rundeten die fantastischen Naturerlebnisse ab.

In der Wüste Gobi gibt es viele von Schluchten zerfurchte Gebirgszüge, hier die Geierschlucht, Yolyn Am.
Im Wasser spiegeln sich die von der untergehenden Sonne beschienenen Bergspitzen,
was erst in neuerer Zeit überhaupt möglich ist, denn noch bis vor wenigen Jahren war die Schlucht
bis in den Herbst hinein mit einer bis zu zwei Meter hohen Eisschicht bedeckt.

Die Felsformation Bayanzag im Tal der Saurierausgrabungen. Dieses Tal heißt auf Mongolisch »reich an Saksaul«, womit die dort vorkommende Vegetation bezeichnet wird: der vom Wind gebogenen Gobi-Baum.

Bayanzag im Licht der untergegangenen Sonne. Die dort ausgegrabenen Sauriereier und mehrere Saurierskelette kann man in Ulaanbaatar im Naturkundlichen Museum bestaunen.

Der Canyon Khermen Tsav in der südlichen Gobi im Chentii Aimak.

Der Wind und die Erosion haben dem Khermen Tsav sein unverwechselbares Gepräge gegeben.

Die Bergketten des Zoolon Uul mit vorgelagerten Sanddünen.

Oben: Vom Wind gezeichneter Sandboden bei Khongoriin Els.
Unten: In den endlosen Weiten der Wüste und Steppe begegnet man immer wieder den Zeichen der Vergänglichkeit.

Folgende Doppelseite: Im Winter prägen Sand und Schnee zusammen mit den Saksaul-Bäumen der Tallandschaft von Bayanzag.

Oben: Die Steppengräser geben der Gobi ein abwechslungsreiches Gesicht.
Unten: Ausgetrocknete Fluss- und Bachläufe sind reich an Halbedelsteinen

Sanddünen sind bis zu 150 Meter hoch und bilden mit ihren weichen Linien
einen Kontrast zur dunklen Farbigkeit der schroffen Bergketten.

IM ALTAI-GERBIRGE

»Altay« bedeutet im Uigurischen »unter dem Mond«. Das Altaigebirge mit einer Länge von rund zweitausend Kilometern liegt im Grenzgebiet zwischen Sibirien/Russland und Kasachstan, Sinkiang/China und der Mongolei. Der Youyi Feng ist mit 4356 Meter einer der höchsten Berge. Daneben gibt es im mongolischen Altai-Gebirge sechs eisbedeckte Gipfel mit über 4000 Meter Höhe. Die Ausläufer nach Osten hin heißen Mongolischer Altai (Ektag) und Gobi-Altai. Das schroffe Hochgebirge ist gekennzeichnet von steilen Gebirgskämmen, die in fruchtbare Hochflächen übergehen, von zerklüfteten Gebirgslandschaften mit spärlicher Vegetation, in denen das Leben sich zurückgezogen zu haben scheint und eine ganz eigene Farbpalette das Landschaftsbild prägt. Bergwände führen über Kare und Taltröge, zum Teil sandig und versteppt, hinab in die Endmoränen- und Schotterebenen, die teilweise auch von Flüssen durchzogen werden. Früher lag im Altai-Gebirge die Schneegrenze fast tausend Meter tiefer, was auf die Klimaerwärmung der Erde hinweist. In dieser Gebirgsszenerie wirken größere Seen wie der Kobdo, der Acid-Nur, der Hara-Us-Nur wie geschliffene Edelsteine. Im Aimak Bayan Ulgi befinden sich der zweit- und dritthöchsten Berg der Mongolei, der Tsambagarav Uul mit 4202 Metern und der Tsast Uul mit 4193 Metern. Es ist der einzige Aimak, der der kasachischen Bevölkerung zugewiesen ist, die wiederum als einzige Volksgruppe der Mongolei Moslems sind. Ihr Zentrum ist Ulgi, das aus bescheidenen Steinhäusern und einer Moschee besteht. In religiösen Angelegenheiten herrscht dort ebenso Toleranz wie in den mongolischen Aimaks. Die Kasachen leben in vielen Seitentälern nach alter Tradition im Familienverband in ihren Jurten. Sie pflegen noch heute die Tradition der Adlerjäger, die ihre Kunst auf dem Adlerfestival am ersten Wochenende im Oktober zeigen. In der Zeit vor dem Festival werden die Tiere auf Nahrungsentzug gesetzt, und je mehr sich der Termin nähert, desto mehr verleihen die stechenden Adleraugen über dem gekrümmten Schnabel ihrem Jagdtrieb einen besonderen Ausdruck.

Adlerzüchter oder Adlerjäger werden die Kasachen genannt. Schon viele Wochen vor dem großen Adlerfestival in Olgiy setzen sie die Tiere auf Nahrungsentzug, kurz vor dem Festival legen sie diesen eine Augenbinde um, damit sich die Tiere dann beim Wettbewerb auf die Kleintiere wie Hasen, Füchse usw. stürzen.

Rechts: Der schneebedeckte Tsambagarav Uul ist mit 4202 Metern der zweithöchste Berg im mongolischen Altai-Gebirge.
Folgende Doppelseite:
Der »Schneeberg«, der Tsast Uul, mit 4193 Metern und rechts daneben der Tsambagarav Uul. »Uul« bedeutet Berg im Mongolischen.

Am Achit Nuur, »Spender-See«, der dem gleichnamigen Naturschutzgebiet angehört,
sind Tier und Mensch sich selbst überlassen.

Links: Die verschiedenen Mineralien geben den Altai-Bergen eine besondere Farbigkeit.
Auch hoch oben an den kahlen Hängen finden sich Tiere, die mit dem
geringen Pflanzenwuchs zurechtkommen.

Oben: Im Licht der untergehenden Sonne leuchten
die kahlen Fels- und Bergformationen.

LICHT DES NORDENS

Der Huvsgul-See, »die blaue Perle«, scheint von der Außenwelt lange Zeit vergessen worden zu sein. Er besticht durch seine naturbelassene Ursprünglichkeit und Unberührtheit. Im Norden der Mongolei an der Grenze zu Sibirien gelegen, ist er der größte und tiefste See des Landes. Man nennt ihn auch den Baikalsee der Mongolei. Nordwestlich des Sees leben vom Frühjahr bis in den Herbst hinein die »Rentiermenschen«, die Zaaten, in einer selbstgewählten Abgeschiedenheit, die ich immer respektiert habe. Heute zieht es in den Sommermonaten immer mehr Besucher zu dem in Taiga und Waldsteppe gelegenen See, der von Januar bis Mai und sogar Juni zugefroren ist. Da es hier keine Teerstraßen gibt, ist es ratsam, beim Erkunden der Region auf einheimische Führer zu vertrauen, die in der Provinzhauptstadt Moron oder in Khatgal zu finden sind. Am westlichen Seeufer erwarten die Touristen neu entstandene Camps. Das Landschaftsbild um den 1624 Meter hoch gelegenen See ist in seiner Vielfalt einzigartig: die Bergrücken des Ikh Uul (2961 Meter) und Khuren Uul (3020 Meter) sind zu ihren Füßen von unberührten Föhrenwäldern umsäumt; im Wechsel drängen sich kahle schroffe Bergzüge ins Bild, in die breite und enge Täler wie eingeschnitten wirken. Jede Jahreszeit hat hier ihren ganz besonderen Reiz. Am eindringlichsten sind mir Herbst und Winter in der Erinnerung: die tiefer stehende Sonne, die die Landschaft zum Leuchten bringt, und die schneebedeckte Weite, die das Farbenspiel der untergehenden Sonne reflektiert. Wenn im Herbst die Nomaden mit ihren Jurten zurückkehren, sind die Camps von den Touristen bereits wieder verlassen und am See und in seiner Umgebung leben die Menschen wieder nach alter Tradition im Einklang mit der Natur.

In den Höhen des Huvsgul-Sees verschmilzt das Sonnenlicht die Elemente zur Licht-Wasser-Welle.

Die Gipfel der Bayany-Nuruu-Gebirgskette.

Folgende Doppelseite: Am 1624 Meter hoch gelegenen Huvsgul-See ist die Natur sich selbst überlassen. Er ist mit 125 Kilometer Länge, 30 Kilometer Breite und 262 Meter Tiefe der zweittiefste See Zentralasiens und gehört zum gleichnamigen Natur-Nationalpark.

Sonnenaufgang im Touristencamp am Huvsgul-See in der Nachsaison.

Das eisige Wasser des Sees hat Trinkwasserqualität. Die einheimischen Nomaden und die Bewohner des am südlichen Ende gelegenen Orts Khatgal nennen ihn ihre »Mutter«.

Herbstlicht auf der Landschaft am Huvsgul-See.
Rechts: Keine Uferbegradigung oder Trockenlegung begrenzt die Ufer des Sees.

Oben: Auch im eisigen Winter finden die der Natur überlassenen Tiere in den höher gelegenen Tälern noch Nahrung.

Rechte Seite, oben: Die Wasserfläche des Huvsgul-Sees wird im Winter zur Verkehrsfläche, doch brechen immer wieder auch Lkws ein und die Menschen sterben im eiskalten Wasser.
Unten: Trotz extremer Minusgrade frieren manche schnell fließenden Bäche und Zuläufe am Huvsgul-See nicht zu und die trockene Luft zeigt den Dunst der aufsteigenden Feuchtigkeit.

ATMEN BEI MINUS VIERZIG GRAD

Es ist klirrend kalt, minus vierzig Grad. Erst beim Näherkommen erkennt man in einer sich bewegenden Dunstwolke einen Reiter mit Fellmütze, langem Deel und Filzstiefeln in schnellem Galopp. Pferd und Reiter sind in eine Art »Atemwolke« gehüllt, die durch die Wärmeausdünstung des unbedeckten Pferdekörpers und die schnelle Atmung entsteht und die fast malerisch wirkt in dieser eisigen Winterlandschaft. Doch selbst ein schneller Ritt oder auch ein leichter Wind, die die gefühlten Temperaturen noch ein bisschen sinken lassen, hindern die Mongolen nicht, im eiskalten Februar auf dem Huvsgul-See das Eisfestival abzuhalten, dessen Höhepunkt ein Pferdeschlittenrennen ist.

Mit selbst gefertigten Schlitten, die mit Holzverbindungen zusammengehalten werden, kommen sie aus der Umgebung in kleinen Fahrgemeinschaften angefahren.

Der Beginn des Festes erscheint wie ein großes Familientreffen, bei dem Neuigkeiten ausgetauscht werden, Kinder vorgezeigt und stolz die geschmückten Pferde vorgeführt werden.

Die Kinder laufen Schlittschuh mit ungewöhnlich erscheinenden Holzsteckenkonstruktionen, die aber sehr funktionstüchtig sind. Dann werden die Pferde warm gelaufen und man versammelt sich am gemeinsamen Startpunkt, der mehrere Kilometer entfernt liegt. Das Ziel befindet sich auf dem See und so gerät das Rennen für die Zuschauer wie für die Teilnehmer des Rennens zu einem »tiefgefrorenen Erlebnis« im wahrsten Sinne des Wortes. Kälte von unten durch die gefrorene Eisfläche, von vorn und von hinten durch den ständigen Wind auf dem gefrorenen See und für die Rennteilnehmer durch den eisigen Gegenwind bei vollem Lauf der Pferde.

Für die langen Wintermonate entwickeln und konstruieren die Nomaden mit einfachsten Mitteln Schlittschuhhalterungen, die auf der eisigen Seefläche ihren Zweck erfüllen.

Noch ein anderes, ebenbürtiges Eisfestival findet im Winter statt: das Winterpferderennen beim kleinen Städtchen Zuunmod. Den Gegebenheiten angemessen, wird hier nur ein einziger Lauf ausgetragen. Vermummte Gestalten zeigen sich und ihre Pferde, tauschen Schnupftabak aus und warten auf den Beginn des Rennens. Die Spannung wächst, wenn am Horizont im Licht der breit gestreuten Scheinwerferpaare einzelne Reiter zu sehen sind. Sobald die Rennpferde zu erkennen sind, feuern die im Ziel wartenden Zuschauer ihre Favoriten mit wildem Gejohle an. Nach einer kleinen Siegerehrung müssen die Pferde zur Beruhigung herumgeführt werden, um einen Kreislaufzusammenbruch zu verhindern. Erst dann können sie zur Heimfahrt verladen werden. Die in der Umgebung wohnenden Teilnehmer reiten gemächlich nach Hause.

Als ein besonderer Augenschmaus im Winter präsentiert sich in der südlichen Gobi das Kamelfestival bei Bulgan. Es umfasst mehrere Disziplinen: den Wettbewerb des Kamelbeladens, dann das Kamelpolo, den Schönheitswettbewerb, also die Präsentation von Reiter und Kamel, und schließlich als Höhepunkt das Kamelrennen, mit dem Wetten einhergehen. Den Siegern wird eine Urkunde ausgehändigt und Kamelmilch in einem silbernen Schälchen als Siegertrunk gereicht.

Rechts: Bevor die Nomaden ihren Milchtee, »Suu Orgoh«, trinken, wird ein Teil davon der Natur geopfert; dies nennt man »Zazal«.

Oben: Tierskelett im eisigen Schnee der Gobi.
Unten: Der Rauch der Ger-Öfen am Huvsgul-See bildet im ersten Licht der Sonne eine Lichtfahne in der Landschaft.

Das Nomadenleben hier in der Gobi im Winter ist gekennzeichnet
von großen Entbehrungen. Hier sammelt der ältere Sohn Brennholz, »Zag«.
Saksaul-Holz ist besonders geeignet.

Oben: Eine Nomadenfamilie in der südlichen Gobi.
Unten: Im Winter werden viele Tiere geboren. Wird ein Neugeborenes von der Mutter abgelehnt, wird es über ein ausgehöhltes Rinderhorn mit Milch versorgt.

Oben: Ein Ziegenhirte mit seinem Pferd.
Unten: Begrüßungszeremonie – auch im Winter begrüßt man sich wie hier vor dem Pferderennen und überreicht seinem Gegenüber die Schnupftabakflasche, die man unter dem Deel, in ein besticktes Tuch gewickelt, jederzeit griffbereit hat.

Oben links: Beim größten Pferderennen bei Zuunmod gibt es immer etwas zu lachen.
Unten links: Auf seinem Pferd wird man von allen Umstehenden gesehen.
Oben rechts: Beim Pferdeschlittenrennen auf dem Huvsgul-See versammeln sich die Nomaden und Nomadinnen, tauschen Neuigkeiten aus und feiern miteinander.
Unten rechts: Die Nomadenkinder sind warm angezogen und die Kälte verleiht ihnen rote Backen.

Der gemeinsame Start beim Eisfestival am Huvsgul-See befindet sich sieben bis zehn Kilometer nördlich des Ziels, wo die Zuschauer warten.

Das größte Winterpferderennen »Dynjingaraviin hyrd« findet bei Zuunmod statt, was so viel wie »hundert Bäume« bedeutet. Je nach Schneehöhe werden zwischen fünfzehn und achtzehn Kilometer Rennstrecke zurückgelegt. Die letzten Meter sind geprägt vom Dunst der erhitzten Pferdekörper. Auf den Sieger warten eine Million Tugrik, das sind ca. 1200 Euro.

Oben: Das Pferdeschlittenrennen auf dem Huvsgul-See.
Unten: Nomaden, »Darkhad«, die im westlichen Ufergebiet leben, lassen sich zum Eisfestival ziehen.
Rechte Seite: Die teilnehmenden Pferde werden schon vor dem Rennen mit angefrorenem Fell präsentiert.

Beim Präsentationswettbewerb des Kamelfestivals in der südlichen Gobi zeigt sich dieses Paar mit Peitschenstab, »Tashuur«, und feinster traditioneller Bekleidung. Das Kamel links hat einen »Burantag«, der dem Tier zu seiner Steuerung traditionell durch die Nüsternwand gestoßen wurde.

Rechte Seite: Zu Beginn des Kamelfestivals versammeln sich die Teilnehmer auf den mit Winterfell bedeckten Tieren und hissen mongolische Fahnen.

Quality

Kamelpolo wird inzwischen ebenso gespielt und ist einer der vier Wettbewerbe. Die anderen sind das Rennen, das Bepacken und die Präsentation von Tier und Mensch.

Beim eigentlichen Rennen legen die Kamele bei viel Schnee zehn und bei wenig fünfzehn Kilometer zurück, zwei Jahre alte Tiere nur fünf Kilometer. Doch egal, wie weit die Distanz ist, das Reiten bei diesen Temperaturen ist für Reiter und Tier immer ein »schneidendes« Hauterlebnis.

VOM JURTENBETT ZUR KHANSUITE

In der Mongolei zu reisen ist an sich schon ein Abenteuer, denn durch das fehlende Straßennetz befindet man sich in einer permanenten Überlandfahrt, bei der es völlig normal ist, Flüsse zu durchqueren und tiefe Gräben hinter sich zu lassen. Eine halbe Stunde Fahrt genügt, um Ulaanbaatar und alle Spuren der Zivilisation hinter sich zu lassen und sich frei im »Chödöö«, dem offenen Land, einem Raum der Stille, zu bewegen. Straßen münden in holprige Erdwege und wandeln sich draußen in der Steppe oder im Bergland zu staubigen Pisten, die bald wieder von Geröll bedeckt sind. Oftmals zeigen sich am Horizont zwei oder mehrere Fahrspuren, die vielleicht zum gleichen, vielleicht jedoch auch zu einem anderen Ziel führen, sodass ein einheimischer Führer unentbehrlich in der Weite der menschenleeren Landschaft ist. Unterwegs zu sein bedeutet auch, sich auf Extreme und Kontraste einzulassen. Eiskalte, trockene und lange Winter wechseln mit kurzen, milden Sommern ab. Vierzig Grad Celsius in der Wüste Gobi und minus fünfzig Grad im Winter sind keine Seltenheit. Die Flüsse frieren vollständig zu und dienen dann der raschen Fortbewegung – früher für Reiterhorden und Karawanen, heute für Lastwagen und Auto-Pulks.

Immer wieder trifft man auf Nomadenfamilien und wird in ihre Jurte eingeladen. Ablehnen darf man nicht , das wäre ein Affront gegen den Jurtenbesitzer. Gäste werden willkommen geheißen und es gehört sich, das Angebotene zu ehren – was nicht unbedingt bedeutet, dass man alles aufessen muss.

Begegnung im Fluss: Auf den Überlandfahrten müssen immer wieder Flüsse durchquert werden, wie hier der Onon auf dem Weg nach Dadal.

Überall im Nomadenland gibt es inzwischen Camps für Touristen, meist mit gemeinsam genutzten Wasch- und Speiseräumen. Sie bieten die einmalige Gelegenheit, in Jurten zu nächtigen, die in Dekor und Bemalung den traditionellen Normadenzelten entsprechen. Hier bekommt man eine Ahnung vom mongolischen Leben ohne fließendes Wasser, wo nur das gefüllte Waschschüsselschränkchen eine ungewohnte Wäsche erlaubt.

Zum Reisen gehört auch viel Zeit, z. B. wenn Pferde, Yaks und Ziegenherden die Wege kreuzen oder wenn die wenigen geteerten Straßen nach einem Regenschauer von Kühen zum Wasserlachenauflecken bevölkert werden und der Jeep solange warten muss, bis die letzten ihre Strecke freigegeben haben.

Ulaanbaatar verfügt über komfortable Hotels mit internationalem Standard. In einem aber wird die Kultur der Mongolen wieder lebendig: dem von einer Mauer mit Ecktürmen umgebenen Hotel Mongolia in einem Vorort Ulaanbaatars. Durch ein farbigenprächtiges Haupttor tritt man in die Empfangshalle mit einer Skulpturengalerie der berühmtesten Khane der Mongolei. Der Silberbaum mit den vier wasser speienden Drachenköpfen und dem Trompete blasenden Engel im Zentrum des Innenhofs ist eine Replik des Silberbaums aus Karakorum.

Ein lichtdurchflutetes Restaurant als Zentraltempel und kleine Tempelbauten mit Schleppgauben für Luxussuiten werden ergänzt durch Luxusjurten mit integriertem Wasch- und Toilettenraum. Das Hotel wird auch gerne von Einheimischen besucht, die den Klängen mongolischer Künstler lauschen. Zwei erhabene Sessel im Restaurant erinnern an die Größe des ozeangleichen Khans. Hier ist der Gast nicht König, sondern Khan!

Rechts: Eine Luftaufnahme nahe Ulaanbaatar – hier erkennt man links und rechts einige helle Querfeldein-Überlandspuren von Lkws und Jeeps; in der unteren Ecke ein Kurvenstück der Transsibirischen Eisenbahn und in der rechten oberen Hälfte die Biegung einer der wenigen Asphaltstraßen.

Ein typischer Weg in der Steppe, der bei Regen stark versumpft oder
bei Wind durch den aufwirbelnden Staub die Sicht behindert.

Vom Khublai-Khan-Camp, das südlich auf einem Hügel vor Karakorum liegt,
schweift der Blick zur Ansiedlung Karakorum im Hintergrund.

So wie hier im Bat-Khan-Camp werden Reisende von einheimischem
Personal in traditioneller Kleidung im »Deel« bedient.

Khublai-Khan-Camp südlich von Karakorum; die Reisenden sollen sich hier wie echte Nomaden fühlen. Unten ist das Innere im Khan-Bat-Camp mit eingesetztem Ofenrohr und Lüster für die kältere Jahreszeit hergerichtet.

Hotel Mongolia in Gatschuurt, einem Naherholungsgebiet, das ca. zwanzig Kilometer von Ulaanbaatar entfernt ist. In der Mitte des Hotelgeländes befindet sich ein Silberbaum mit Wasser speienden Drachenköpfen.

Der Silberbaum mit Drachenköpfen und dem Trompete blasenden Engel ist
eine Replik des Silberbaums aus dem historischen Karakorum. Der Überlieferung nach
stand dieser im Palastzentrum und aus den Drachenmäulern flossen Honig,
Milch, Wein, Airak und andere Getränke.

In der Empfangshalle des Hotel Mongolia durchschreitet man
eine Skulpturengalerie der berühmtesten Khane der Mongolei.

Das mongolische Personal beim Fensterputzen.

BUDDHISMUS, SCHAMANENTUM UND VOLKSRELIGION

Im Zuge der Ausdehnung ihres Reiches Richtung China und Tibet traf die mongolische Führungsschicht im 13. Jahrhundert erstmals im heutigen Peking auf tibetische Mönche. Ihre Bildung und Fertigkeiten bewogen sie, Mönche nach Karakorum zu holen, doch war ihr Wirken nur von kurzer Dauer. Erst Mitte des 16. Jahrhunderts kam es zu einer nachhaltigen Verbreitung des Buddhismus, der die alten Religionen weitgehend verdrängte. Von nun an war der tibetische Buddhismus Staatsreligion und Mönche genossen hohes Ansehen. So kam es, dass zu Beginn des 20. Jahrhunderts jede Familie einen Sohn ins Kloster schickte, damit er sich dem geistigen Wohl der Familie annehme; im Gegenzug versorgte die Familie die Klosterangehörigen mit Geld und Lebensmitteln.

Im Jahre 1911 erfolgte die Ablösung der Mongolei von China: nur die Innere Mongolei blieb bei China. Dies konnte jedoch nur mit der Rückendeckung durch das zaristische Russland geschehen. Der Bogd Khan wurde zum kaiserlichen Souverän ernannt und die Unabhängigkeit des mongolischen Volkes verkündet, doch folgten Jahre der Wirren und erst am 11. Juli 1921, dem Nationalfeiertag, konnte der Bogd Khan wieder eingesetzt werden. Im russisch-chinesischen Konkurrenzkampf um die Mongolei hat schließlich das sowjetische Russland obsiegt. Nach dem Tode des geistigen Oberhauptes aller mongolischen Völkerschaften, des Bogd Khans, im Mai 1924 änderte sich die Lage. Die konstitutionelle Monarchie endete und eine mongolische Volksrepublik unter sowjetischer Einflussnahme wurde ausgerufen, die erst im Jahre 1990 aufgegeben wurde. In den 1930er-Jahren waren sämtliche religiösen Handlungen verboten, die Mönche nach Hause geschickt oder umgebracht worden. Fünfzig Jahre später lebte die buddhistische Tradition wieder auf und in kurzer Zeit erstanden zweihundert der ursprünglich siebenhundertfünfzig

Buddhistischer Novize an der Tempeltür des Klosters Dashchoilin Khiid in Ulaanbaatar.

Klöster wieder. Das größte buddhistische Fest ist das Neujahrsfest, mongolisch »Zagaan Sar«, Weißer Monat, das Ende Januar/Anfang Februar stattfindet und den beginnenden Frühling ankündigt. Drei Tage wird gefeiert. Schon am Vorabend huldigt man der Göttin Bituum Baldanlham. Dreimal besucht sie auf einem Reittier jede Familie. Durch Opfer werden die Hausgeister besänftigt und durch Reinigungszeremonien mit heiligem Wasser befreit man sich von Sünden.

Das mongolische Volk feiert Zagaan Sar als Geburtstag aller Mongolen mit einem Familienfest zu Hause. In den Stadtwohnungen sowie in Jurten besuchen die Jüngeren die Älteren. In der Mitte des Raumes auf einem großen Tablett wird das gekochte Fettrückenteil eines Hammels, »Uuz«, mit einem Messer präsentiert. Der Hausherr schneidet nach einem festgelegten Zeremoniell und in einer vorgegebenen Reihenfolge für die Gäste kleine Fleischstreifen ab, die er überreicht. Daneben steht der »Boov«, ein mit Teigstücken aufgebauter Kuchenturm, dessen oberste Schicht aus Bonbons und Süßigkeiten, Käse- oder Teigstückchen besteht. Jedem Gast werden sie angeboten und man muss unbedingt davon probieren. Aus Tibet wurde die Tradition der Tsam-Tänze übernommen, der erste Tsam-Tanz wurde in der Mongolei 1811 im Kloster Chutuktu von Urga aufgeführt. Ein Tsam-Fest erinnert an den Tod von acht Heiligen des Klosters Kumbum, die der chinesische Heerführer Mien Kung Ye seinerzeit in sein Zelt gebeten und dort hatte enthaupten lassen. Weitere Feste mit Tsam-Tänzen erinnern zum Beispiel an die Gründung der Gelbmützen in Nordtibet. Es gibt auch eine buddhistisch-mongolische Variante zum Tsam-Tanz: Die ältesten der Klostermönche werden in einem offenen Zelt in der Mitte der Tanzfläche von mongolischen Kriegern bewacht, die wie in historischen Zeiten ausgerüstet sind. Die Ältesten werden während des Tanzes mit Essen und Trinken versorgt.

Vor dem Buddhismus war der Schamanismus weit verbreitet. Schamanen gelten als Wegbereiter und Mittler zu anderen Seinsebenen. Sie versetzen sich in eine Art Trance-Zustand, in dem sie Menschen vor Bösem und Krankheiten

schützen können. Verkleidet als Tiere und ausgestattet mit Zeremonialgegenständen, schrecken Schamanen Geister und Dämonen ab. Dem Buddhismus ist es nicht gelungen, den Schamanismus völlig abzulösen. Und so ist es nicht ungewöhnlich, dass mitten in Ulaanbaatar ein Schamane direkt an der Straße zum Gandan-Kloster-Areal in seiner Jurte vor seinem Opferaltar seine Rituale zelebriert.
Die Mongolen glauben sich umgeben von Geistern und Göttern, die sie ärgern oder vor Unheil beschützen wollen. Die bedeutendste Gottheit ist »Munk Tenger«, Ewiger Himmel, dann folgen Naturgottheiten, die durch Kulthandlungen, Zeremonien und Rituale vorbestimmt und verehrt werden. Dazu gesellen sich bestimmte Verhaltensweisen: Z. B. muss man beim Eintreten immer über die Türschwelle steigen und darf niemals darauf treten, weil es Unglück bringen könnte. Oder man reicht sich die Hände, wenn man um einen Tisch sitzt, nicht zur Begrüßung, sondern nachdem man jemandem versehentlich auf die Füße getreten ist. Auch das Bewegen im Raum hat immer von links nach rechts im Uhrzeigersinn zu geschehen, ebenso wie man jemandem möglichst immer die rechte Seite zuwendet. Geschenke und Getränke werden immer mit beiden Händen überreicht. Bekommt man ein Glas zum Trinken überreicht, hat man zuerst mit dem Finger darin einzutauchen und die Flüssigkeit dann nach oben, zur Seite bzw. nach vorn und nach hinten sowie auf die Erde und in den Himmel zu schnalzen, bevor man trinken darf – als Nahrung für die Götter. Geehrten Personen wird bei der Begrüßung ein blauer Seidenschal als besondere Ehrerbietung überreicht.

Mönche versammeln sich an der Wasserstelle des Wallfahrtsklosters Tuuvchen Khiid.

Zahlen haben eine große Bedeutung. Die Mongolen sagen: 1. zuerst war das Glück auf der Welt; 2. dann folgte das Unglück; da man mit diesem Zustand nicht leben kann, muss die nächste Zahl wieder das Glück bringen, also die Zahl 3. So kommt es, dass für die Mongolen nur die ungeraden Zahlen bedeutend bzw. Glück bringend sind. Die 9 gilt als größte Glückszahl, deshalb findet man bei vielen Telefonnummern zu Beginn immer wenigstens eine 9, so auch bei der Landesvorwahl 0976.
Neben Tempeln zeugen im ganzen Land die »Ovoo«, Steinhaufen, vom tiefen Glauben der Menschen. An der höchsten Stelle ist oft ein Stab oder Ast eingesteckt, der mit bunten Tüchern geschmückt ist. Darunter liegen meist kleine Gegenstände, Flaschen, Bierbüchsen, Essensreste, manchmal Geldscheine. Ovoos findet man an Kreuzungen, auf Bergrücken und an exponierten Stellen. Man hält an, geht dreimal darum herum und legt bei jedem Rundgang einen Stein oder auch andere Objekte darauf. Auch ein guter Schluck aus dem Wodkaglas zum Abschluss der Umrundung ist nicht selten. Junge Mongolen fahren auch schon mal mit dem Pkw um den Ovoo herum, denn an der Glück bringenden Wirkung des Rituals zweifeln sie nicht.

敕建慶寧寺

Oben: Das Kloster Amarbayasgalant. Im vorderen Bereich des Hauptgebäudes führen Seidentücher nach oben.

Linke Seite, oben: Der Legende nach hatten buddhistische Gläubige die Aufgabe, einen Ort zur Errichtung eines Klosters zu finden. Da sahen sie einen Adler mit Beute am Himmel kreisen, die er an einer Stelle plötzlich fallen ließ, an der zwei Jungen spielten. Ein Junge hieß »Amar«, der Friedliche, der andere, »Bayasgalan«, der Freudige. Die beiden wurden geopfert. In den Boden der Bestattungsstelle wurden zwei Baumstämme eingelassen und auch heute noch werden diese bei größeren Festlichkeiten durch ein Seil miteinander verbunden, das mit Girlanden oder wertvollen Gegenständen verziert wird.

Mitte: Tafeln am Eingang zum Tempel, auf denen steht, warum und wann das Kloster errichtet wurde, links auf Mongolisch, in der Mitte auf Tibetisch und rechts auf Chinesisch.

Unten: Der Hauptraum des Klosters.

Oben: Kloster Dashchoilin Khiid in Ulaanbaatar; Tempeleingang mit Lamas.
Unten: Aufgemalte Wächter an den Pfortentüren des Bogd Khan Winterpa ast-Tempels.

Oben: Dieser Lama mit seiner Gebetskette, die er während des Gebets mit dem Mantra »Um mani badmi khum« gebraucht, stammt aus einer westlichen Region der Mongolei.

Linke Seite, oben: In einem der Tempel des Gandan-Klosters wird feierlich das Neujahrsfest mit zahlreichen Lamas zelebriert.
Unten: Der höchste Lama der Mongolei, der »Khamba Lama«, hier Khamba Lama Choijamts, segnet während des Neujahrsfestes jene Gläubigen, die zu ihm kommen, berührt deren Haupt mit dem Diamantzepter, damit sie durch die Gottheiten Orchiryaani oder Vajiryana vor schlechten Dingen beschützt werden

Oben: Der Präsident der Mongolei Nambaryn Enkhbayar (ganz rechts) besucht mit seiner Frau die Familie eines verdienten Diplomaten. Am rechten Bildrand steht auf dem Tisch der »Ul Boov«, ein mehrschichtiger Turm aus teigigem »Fußsohlengebäck«, dessen Teile immer zu ungeraden Lagen zusammen- bzw. aufgebaut werden. Die oberste Schicht besteht aus luftgetrockneten Milchrahmstücken, Bonbons, Zuckerstückchen und Dörrobst. Vor dem »Ul Boov« sieht man den »Uuz«, ein gekochter Hammelrücken mit Fettschwanz.
Unten: In einer Stadtwohnung wird vom Besuchenden dem geehrten älteren Bewohner ein blauer mongolischer »Khadag«, Schal, überreicht. Blau bedeutet »ewiger Himmel«, als blau bezeichnet man sich als Mongole, »Hoch Mongol« bedeutet blauer Mongole oder blaue Mongolei.
Rechte Seite, oben: In einem Stadt-Ger versammeln sich zum buddhistischen Neujahrsfest Familien und Freunde. Man trinkt u. a. Wodka, um sich gegenseitig zu begrüßen, das vergangene Jahr zu begraben und sich zum neuen Jahr, zum Neugeborensein, zu gratulieren.
Unten: Um die Geister der Unterwelt fern zu halten, lädt man einen Mönch ein, der aus dem »Sudar«, dem tibetischen Gebetsbuch, Verse rezitiert. Die Nomaden der nahen Ger kommen mit dazu.

Die Tsam-Tänze hier im Kloster Dashchoilin Khiid sind tibetischer Tradition. Es treten verschiedene Symbolfiguren auf – hier u.a. der Träger der Hirschmaske, der den Diener des »Yama«, des Totenherrschers, darstellt. Rasende Wirbeltänze folgen nach stundenlangen Zeremonien.

Rechte Seite: Einer der Schwarzhutzauberer, »Shanak«, der immer ohne Maske auftritt und zur Verkörperung der fünf Könige zählt, die die Religion beschützen.

Oben: Der Totenrichter oder Totenherrscher tritt in zwei Verkörperungen auf, rot wie hier und blau wie auf der rechten Seite.
Unten: Um den ernsten Charakter des Zeremonientanzes für die Gläubigen aufzulockern, begleiten den Glücksgott Hva Shang Kinder, die sich auch den Zuschauern und Gläubigen zuwenden.

Rechte Seite: »Yama«, der Totenrichter oder Totenherrscher, erscheint. Seine Maske kann bis zu fünfzehn Kilogramm schwer sein.

Schamanentum gibt es auch in der Millionenstadt Ulaanbataar. Am Anfang der Under-Gegeen-Straße, die etwa dreihundert Meter lang direkt zum Kloster Gandan führt, versammelt ein Schamane seine Gläubigen in seinem Ger und auf dem Opferplatz davor. Man bringt Geschenke mit für die gerufenen Gottheiten und den Schamanen.

Rechte Seite, oben: Am Ufer des Huvsgul-See hat der Schamanismus eine lange Tradition. Der Schamane Boldbaatar und seine Schwiegermutter stehen vor dem »Udgan Mod«, dem Baum seines Vaters Luvsdal. Dieser Baum hat die religiöse Funktion eines Ovoo, den man im Andenken an einen Toten verehrt und der einen inspiriert.
Unten: Boldbaatar wurde in einen nahe gelegenen Ger gerufen; dort schlägt er mit seinem Holzstab die fellbezogene Trommel vor der Nomadenfamilie.

Solite

»Ovoo mit Hadag« werden die Steinhaufen mit dem mit blauen Tüchern umwundenen Stab genannt, die man dreimal zu umgehen hat, während man dabei Steine wirft. Die blauen Tücher tragen die Wünsche in die Welt.

Rechte Seite: »Ovoo mit Hadag« waren früher ausschließlich mit blauen Tüchern bestückt, heute benutzt man auch andersfarbige. Vor den Ovoo wurde ein buddhistischer Türstock gesetzt, mit dem Rad der Lehre und den Gazellen. Volksglaube und Buddhismus sind hier kein Widerspruch.

NOMADENSTADT ULAANBAATAR

Ulaanbaatar, der »rote Recke«, ist mit minus vier Grad Celsius im Jahresdurchschnitt nicht nur die kälteste Hauptstadt der Welt, sondern auch die einzige Millionenstadt, in der Nomaden leben. Bis 1924 hieß die Stadt Urga. Sie wurde einst als Sitz des Oberhaupts des tibetischen Buddhismus in der Mongolei, Bogd Khans, auch Bogd Gegeen genannt, gegründet. Sein Palast sowie das Gandan-Kloster mit einer sechsundzwanzig Meter hohen vergoldeten Statue Megdshid Dshanrajsig, des Buddhas des Mitgefühls, durchbrechen das sonst von sowjetischer Architektur geprägte Stadtbild. Den Stadtkern bildet die riesige Fläche des Suchbaatar-Platzes, der nach einem mongolischen Revolutionär benannt wurde; im Norden wird der Platz vom Parlamentsgebäude begrenzt, im Osten von der Oper und dem Staatstheater und im Westen vom Rathaus und Geschäftsgebäuden. Fast die ganze Stadt wird von Osten nach Westen von der Friedensstraße in einen südlichen und einen nördlichen Bereich geteilt, wobei der nördliche von zahlreichen Jurtensiedlungen an den äußeren Grenzen ausgefranst wird. Neben dem im Stadtkern gelegenen Zentralkaufhaus flankieren in beiden Himmelsrichtungen viele kleine Kioske und Hobbyverkäufer diese Verkehrsader, deren Zahl in den Außenbezirken abnimmt. Dafür erhalten dort die Stadtnomaden auf vielen kleinen Märkten, die zwischen die Stadviertel eingebettet sind, alles, was sie zum täglichen Leben brauchen: von Autoreifen, Werkzeugen, Haushaltswaren bis hin zu abgeladenem Bausand oder gebündeltem Brennholz. Weit größer und unübersichtlicher ist der Schwarzmarkt am südöstlichen Stadtrand, der so ziemlich alles bietet, was Menschen im 21. Jahrhundert benötigen – vieles davon in Korea und China produziert. Insgesamt prägen Plattenbauten das gesichtslose Gebäudegewirr, das in den Außenbezirken langsam in holzverschalte Bezäunungen übergeht, um den Blick auf die dahinter stehenden Jurten zu verdecken. Vor allem durch den Zuzug der Nomaden wächst die Stadt an den Rändern unaufhaltsam weiter – eine Herausforderung für Stadtverwaltung und Verkehrsbehörden. Der Straßenverkehr ist bereits heute eher etwas für kreativ veranlagte Menschen. Der Stärkere hat immer Vorfahrt. Fußgänger können oft nur unter Lebensgefahr die Straße überqueren und sind besonders auf Zebrastreifen gefährdet. Wer nur die Weite der Steppe kennt, wo es keine aufgezeichneten Linien am Boden und schon gar keine Ampeln gibt, hält sich vielleicht auch in der Stadt lieber an die universellen Gesetze der Natur.

Dennoch ist Ulaanbaatar auch eine moderne Stadt, in der vom Internetcafé bis zum Edelrestaurant, vom Zirkus bis zum Nightclub neue Werte die alten zunehmend in Frage stellen. Zwischen Tradition und Moderne hat Ulaanbaatar deshalb als politisches, wirtschaftliches und kulturelles Zentrum auch eine besonders wichtige Funktion für das Selbstverständnis und die Identifikation der Mongolen.

Religiöses Zentrum der Stadt und des Landes ist das Gandan-Kloster, das 1838 gegründet wurde und eine buddhistische Hochschule sowie Fakultäten für Astrologie und Medizin umfasst. Der größte Tempelbau umschließt die neuerrichtete sechsundzwanzig Meter hohe vergoldete Statue des Megdshid Dshanrajsig, des Bodhisattvas des Mitgefühls – die alte Statue war 1938 von den Sowjets demontiert, verschleppt und eingeschmolzen worden. Die Bibliothek der Hochschule besitzt mit fünfzigtausend Büchern und Faksimiles eine einzigartige Sammlung für die Studenten. An die Mauern des Klostergeländes schließen sich beiderseits Jurten und kleine Holzbehausungen an. Wenn abends die Tempeltüren geschlossen werden, tummeln sich die Menschen aus der Umgebung mit ihren Kindern vor dem Platz des Haupttempels.

In der Stadt gibt es auch viele interessante Museen. Eines der bedeutendsten ist das Völkerkundliche Zentralmuseum mit seiner paläontologischen Abteilung, in der Saurierskelette und das versteinerte Gelege von Jungsauriern ebenso bewundert werden können wie das Przewalski-Pferd und der Gobibär.

Das Museum der Schönen Künste zeigt, neben zeitgenössischer Kunst, mongolische Malerei und kunsthandwerkliche Arbeiten, Instrumente, historische Tsam-Masken und religiöse Skulpturen. Eine Abteilung ist den historischen Gewändern der einzelnen Bevölkerungsgruppen gewidmet. In der Staatsbibliothek findet sich eine einzigartige Sammlung von Sanskrit-Manuskripten; einige geschrieben mit kostbarer Tinte aus einem Gemisch aus Gold, Silber, Kupfer, Koralle, Perle, Türkis, Lasurit und Stahl. Besonders sehenswert ist in der Innenstadt das Tschojdshin-Lamyn-Museum, ein ehemaliger Klosterkomplex, der früher nur buddhistischen Mönchen zugänglich war. Eindrucksvoll lehrt die Darstellung der »Höllenqualen« an der Decke des Eingangs der Besucher, demütig zu sein. Die Tsam-Masken hinter den Glasvitrinen zeugen von einer glanzvollen Tradition – eine der Maske ist mit siebentausend Korallen besetzt.

Im südlichen Stadtbereich befindet sich das Bogd-Khan-Museum – die Winterresidenz des letzten Khans. Ebenfalls mit mehreren Tempeln mit Schleppgaubendächern bedeckt, gibt es hier religiöse Messingskulpturen in Vitrinen, über deren Dachbalken mit den herrlichsten religiösen und weltlichen Motiven prangen. In einem das Klosterterrain östlich begrenzenden Steinhaus befindet sich eine weitere Sammlung verschiedener Gegenstände wie Feudaljurten, Kultgegenstände, die ehemaligen Privaträume des Bogd Khan, historische Pferdewägen, Prachtwägen, ein Khanthron und vieles andere mehr. Vieles dieser eindrucksvollen Kultur der Mongolen ist heute noch lebendig und einzigartig.

Ein Beispiel hierfür sei der Kehlkopfgesang, bei dem gleichzeitig ein höherer Oberton und ein Unterton hörbar sind. Diese Kunst stellt höchste Ansprüche an die Stimmbänder und den Kehlkopf sowie an das Zwerchfell und ist wie das Singen und Musizieren in der Bevölkerung hoch angesehen.

Ein besonderes Instrument ist die Pferdekopfgeige. Ihre Herstellung ist eine Kunst, die von Generation zu Generation weitergegeben wird, und so ziert noch heute ein geschnitzter Pferdekopf das Instrument, auf das Pferdeschwanzhaare als Saiten gespannt sind. Einige mongolische Musiker beherrschen die Kunst des Geigens so meisterhaft, dass sie Töne bis zum Pferdewiehern erzeugen können. Häufig treten sie in nationaler Tracht mit Instrumentalgruppen auf. In der Gesellschaft genießen sie ein ebenso hohes Ansehen wie die Obertonsänger.

Ansicht auf Ulaanbaatar vom südlich gelegenen Zaisan Tolgoi; »Tolgoi« bedeutet Hügel. Im Vordergrund das Denkmal der Sowjets, das an den Sieg über Nazideutschland erinnert.

Eine ebenfalls über Generationen in Familienverbänden weitergegebene Kunst ist die Herstellung der typisch mongolischen Pferdesattel, die sich in Ausführung, Muster und Farben je nach Aimak unterscheiden.

Die Kleidermode der Nomaden hat sich im Lauf der Zeit in der Vermischung mit anderen Völkern entwickelt und eigene landesspezifische Gestaltungen erhalten. Der mongolische Spitzhut stammt eigentlich aus Tibet, der Deel aus China, wie auch die Seide, aus der er geschnitten wird. In den Zeiten der mittelalterlichen Feudalherrschaft waren die Mongolen besonders prachtvoll und äußerst aufwändig gekleidet. Heute wird diese Mode von jungen Designern kreativ aufgegriffen. Als Beispiel sei hier ein Detail angeführt: Die überlangen Ärmel, einst ein Zeichen dafür, »nicht mit den Händen arbeiten zu müssen«, gelten heute als extravagantes Modedesign. Dieser Brückenschlag zwischen Tradition und Moderne ist kennzeichnend für die mongolische Gesellschaft.

Alltagsszene in der Haupt- bzw. Friedensstraße.

Suchbaatar-Platz mit Denkmal Suchbaatar, ganz rechts das Zentrum für Wissenschaft und Technik, links daneben der Zentrale Kulturpalast, hinter bzw. links und rechts neben dem Denkmal das ehemalige Druckereigebäude, vom linken Bildrand angeschnitten erkennt man das Parlamentsgebäude.

Auf dem Schwarzmarkt, früher »Zakh«, der vor kurzem als Internationales Handelszentrum namens »Narantuul« an den südöstlichen Rand des Stadtzentrums verlegt wurde, wird so alles angeboten und gekauft, was moderne Mongolen benötigen, von der Kartonkiste, dem Aquarium, traditioneller Kleidung bis hin zu Werkzeugen, Ger-Einrichtungen und TV-Flachbildschirmen.

Folgende Doppelseite: Im Bogd-Khan-Winterpalast, wo einst das letzte religiöse und weltliche Oberhaupt, der letzte Khan der Mongolei, bis 1924 residierte, kann man an den Dachbalken auch weltliche Motive entdecken. In den buddhistischen Klöstern findet man sonst nur religiöse Motive oder Ornamente und Schriftzeichen.

Im Tempelmuseum des Bogd Khan befinden sich wunderschöne Buddha-Skulpturen.
Rechte Seite: Symbolisch muss man viele Räume durchschreiten,
um dem Buddha nahe zu kommen.

Kloster Gandan, der Haupttempel, der die sechsundzwanzig Meter hohe, vergoldete Statue (rechts) des Megdshid Dshanrajsig, des Bodhisattvas des Mitgefühls, beherbergt.

Oben: Tschojdshin-Lamyn-Klostermuseum in der Stadtmitte.
Die umstehenden modernen Hochhäuser werden von der Dunkelheit verschluckt.
Unten: Im Eingangsbereich zum Haupttempel befinden sich mehrere Deckenbemalungen
mit Darstellungen »buddhistischer Höllenqualen«, die für buddhistische Tempel einzigartig sind.

Tschojdshin-Lamyn-Klostermuseum.

Im Tschoydshin-Lamyn-Tempel.
Links oben: Tsam-Maske aus dem Gefolge einer Dharmaschützer-Gottheit.
Als Schmuck trägt die Maske eine fünffache Schädelkrone und auf der Stirn das »Weisheitsauge«.
Links unten: Zwei Tsam-Masken mit Darstellungen von zwei friedvollen Gottheiten
mit fünfblättrigen Kronen, wie sie von Buddhas und Bodhisattvas getragen werden.
Rechts: Korallenbesetzte Tsam-Maske von Beg-tse mit der fünffachen, mit Schädeln
besetzten Krone, wie sie Dharmaschützer tragen. Auf der Stirn zeigt die zornvolle Gottheit
das »Weisheitsauge«. Augenbrauen und Bart lodern wie Feuer.

Links oben: Beim Pferdekopfgeigenbauer, der gerade den Pferdekopf schnitzt.
Rechts oben: Beim Metallschmied, hier stehen zwei aus Kupfer geformte Pferdemodel auf dem Tisch.
Links unten: Beim Sattelmacher in der Werkstatt in Ulaanbataar.
Rechts unten: Beim Sattelmacher, der mit der Ahle mehrere zurechtgeschnittene Lederschichten durchstößt, um sie miteinander zu befestigen.

Linke Seite, oben: Schlangentänzerinnen, auch »Kontorsions-Künstlerinnen« genannt, haben in der Mongolei eine große Tradition und eine eigene Schule ist im Gebäude des Staatszirkus untergebracht.
Unten: Pferdekopfgeigenspieler werden mongolisch »Morin Huurch« genannt und genießen hohes Ansehen; sie entlocken dem Instrument lang gezogene »süßliche« bis wiehernde Töne. Die rechts daneben sitzende Künstlerin spielt »Huuchir«, eine mongolische Variante einer Pferdekopfgeige.

Oben: Eine altmongolische Handschrift eines »Sutra« in der Staatsbibliothek;
das Original aus dem Jahr 1356 ist mit Goldtinte auf indigogefärbtem Papier geschrieben.

Unten links: Feuerzeichen aus Metall, das neben dem Dramatheater aufgestellt ist.
Unten rechts: Feuerzeichen-Brezel mit Ketchup im Khanbräu-Biergarten, eine moderne
Kreation in historisch mongolischer Anlehnung.

Links: Altmongolische Schrift »Ikh Mongol«, großer Mongole, die dem Sänger Altannar,
Goldene Sonne, als Bühnenrückwand im Restaurant dient.
Oben rechts: Altmongolische Schriftzeichen am Zentralkaufhaus in der Haupt- bzw. Friedensstraße.
Unten rechts: Im Jazzlokal »River Sound« in der Innenstadt treten
auch international anerkannte Künstler auf.

In Ulaanbataar leben die Nomaden weiterhin in ihren Ger oder einfachen Holzhäusern.
Hier eines der am Stadtrand nach und nach wild gebildeten Viertel, die unaufhaltsam und
ohne Kontrolle bis in die nahen Berge hinaufwachsen. Sogar DVDs kann man ausleihen.

Der Brückenschlag zwischen Tradition und Moderne ist kennzeichnend für die mongolische Gesellschaft.

Bei Modenschauen treten abwechslungsweise Ensembles auf. In der Vorführung erkennt man nicht nur zeitgenössische Elemente, sondern auch traditionelle Materialien: Seide, Brokate Pelze und Felle.

Linke Seite: Modenschau zeitgenössischer mongolischer Mode des 21. Jahrhunderts mit traditionellen Elementen – die Kopfbedeckungen sind mit auffallenden Formen gestaltet, Ärmel- und Schulterformen waren früher Zeichen höhergestellter Personen der Feudalgesellschaft und sind heute Gestaltungselemente für mongolische Modedesigner.

NATION MIT ZUKUNFT

Welche Rolle die Mongolei einst spielte, wird deutlich, wenn man sich vergegenwärtigt, dass die Mongolen das Papiergeld erfanden und zusammen mit den Chinesen für dessen Verbreitung sorgten und dass Mongolisch, so wie heute Englisch, als die Lingua franca eines Weltreichs in allen asiatischen Ländern vorherrschend war. Seit diesen glorreichen Zeiten ist viel geschehen. Die Mongolei stand bis 1990 unter starkem sowjetischen Einfluss. Mit der Auflösung des Ostblocks wurde auch die Mongolei vor große Herausforderungen gestellt. 1996 wurden im Bereich der Wirtschaft große Reformprojekte begonnen und im Zuge dessen ist seit 2003 der private Erwerb von Grund und Boden durch mongolische Staatsbürger möglich – für ein Nomadenland eigentlich nicht denkbar, denn der Boden gehört allen.
Traditionell wichtigste Wirtschaftszweig ist die Viehhaltung, deren Anteil jedoch in den letzten Jahren stetig zurückgegangen ist. Der Bergbau sowie der Dienstleistungssektor mit Handel und Tourismus haben dafür deutlich aufgeholt.

Die EMC, die Erdenet Mining Corporation, ein mongolisch-russisches Joint-Venture, befindet sich in der Nähe von Erdenet, ca. vierhundert Kilometer nordwestlich von Ulaanbaatar.

Seine hohe Wachstumsrate verdankt das Land in erster Linie den gestiegenen Weltmarktpreisen für Kupfer und Gold. Die Mongolei exportiert Erze, Fleisch, Wolle, Felle und Häute und importiert Energie, Rohstoffe, Maschinen, Fahrzeuge, Konsumgüter und Nahrungsmittel. Nomadenfamilien mit mehr als zweihundert Tieren ist noch ein halbwegs ordentliches Auskommen gewährt, die Mehrheit der Nomaden besitzt jedoch weniger als hundert Stück Vieh und jene mit weniger als fünfzig Stück gelten als arm. Um das Auskommen und den Fortbestand einer Familie zu gewährleisten, ist es wesentlich, die Herde wachsen zu lassen, um den Kindern eine Mitgift geben zu können. Die kalten Winter mit hohen Viehverlusten, Bodenerosion und Überweidung und die relative Armut vieler Familien haben maßgeblich zur Aufgabe des Nomadenlebens beigetragen und die Zuwanderung nach Ulaanbaatar beschleunigt.

Die Mongolei ist mit Bodenschätzen gesegnet: Gold, Silber, Kupfer und Bauxit ermöglichen ganz neue Außenhandelsstrukturen. Die Erdölförderung steigt rasant und der Kohlebergbau trägt zu mehr als der Hälfte der gesamten Industrieproduktion bei. Auch die Textilindustrie hat einen Spitzenplatz. Es ist jedoch vor allem der Kupferexport, der eine enorme Steigerung des Exports in den letzten Jahren bewirkte. Eine der sechs größten Förderminen, die EMC – Erdenet Mining Corporation, ein mongolisch-russisches Joint Venture, begleicht allein die Hälfte des Gesamtsteueraufkommens der Mongolei. Das Unternehmen befindet sich in der Nähe des Ortes Erdenet, ca. vierhundert Kilometer nordwestlich von Ulaanbaatar, und ermöglicht den sechstausend Angestellten, Spezialisten, Arbeitern und Arbeiterinnen ein Leben mit Zukunftsperspektive.

Neben Kupfer ist Kaschmirwolle das Produkt der Mongolei, das es zu Weltruhm gebracht hat. Die hervorragende Qualität garantiert den Export nach Italien, Hongkong, Japan, in die Schweiz, nach England, Bhutan, Deutschland, Südkorea, Indien und Malaysia und ist zu einer steigenden Einnahmequelle für das Land geworden. Die Kaschmirziege, als Wollziege eine Rasse der Hausziege, kommt in den Randgebieten des Himalaya und besonders häufig in der Mongolei vor. Mit etwa zehn Millionen ist diese schlappohrige und gehörnte Ziege ein zähes und widerstandsfähiges Tier. Die weiße, graue, braune und schwarze Fellwolle wird nicht nur in Naturfarben gesäubert belassen, sondern auch in den leuchtendsten Farbtönen eingefärbt. Die besondere Verarbeitung des Unterfells ergibt

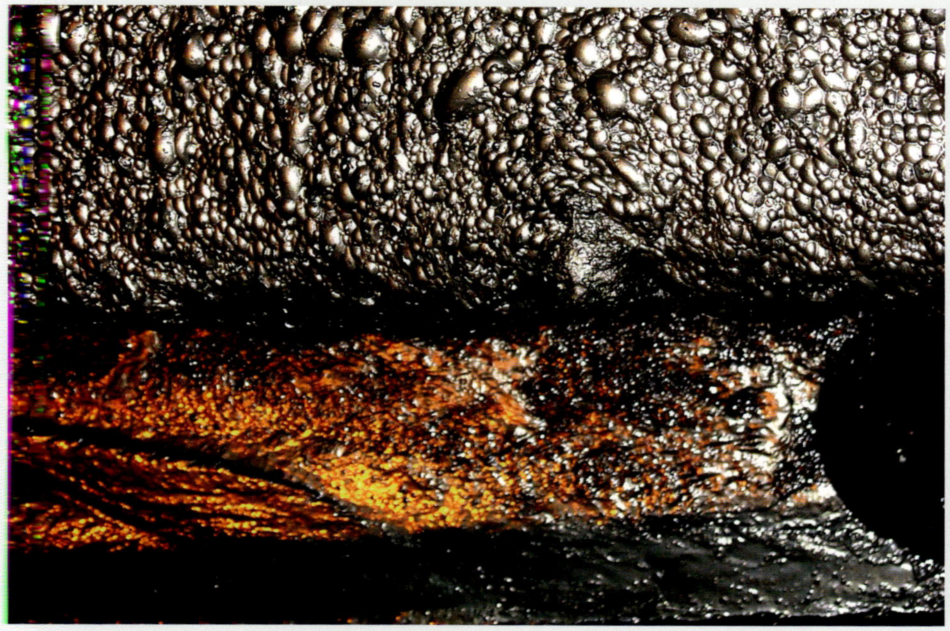

Kupfer ist ein Naturprodukt. Vor der Schwimmaufbereitung (Flotation) wird das »taube« Gestein getrennt und nach der Flotation liegt eine Kupferkonzentration zwischen zwanzig und dreißig Prozent vor, die nassmetallurgisch verarbeitet wird und in der Raffination endet, wo das Kupfer von verbliebenen Verunreinigungen befreit wird.

eine langhaarige, sehr feine Unterwolle, die ausgekämmt wird. Sie ist dünner und feiner als Schafwolle und man erhält je nach Größe der Ziege jährlich bis zu zweihundert Gramm Kaschmirwolle. Modemacher und Stoffdesigner schätzen weltweit ihre besonders feine und hochwertige Qualität. Die von Models präsentierten Wollprodukte zeigen ideenreiche, vielfarbige Variationen, wobei die klassische Kaschmirnaturfarbe noch immer am beliebtesten ist.

Die Mongolei ist ein altes Land mit jungen Menschen. Fünfundsiebzig Prozent der Bevölkerung ist jünger als fünfunddreißig Jahre. Nachdem das Fernsehen inzwischen die Nomaden in ihren Jurten erreicht hat und auch Nomadenkinder in die Schule gehen, öffnet sich ihr Blick für andere Lebensformen, die ein scheinbar leichteres Leben verheißen. Die Mongolei hat bereits den Übergang von einer reinen Nomaden- zu einer Halbnomadengesellschaft geschafft und ist dabei, sich einen Platz in der Weltgemeinschaft zu sichern. Nun ist es die Aufgabe der jungen Gesellschaft, die Zukunft des Landes mitzuformen: Die Mongolei ist ein weites Land mit jungen Menschen und einer großen Zukunft.

Kaschmirmodenschau mit modernen ideenreichen
Wollkreationen im Hotel Bayangol.

Neben Kupfer ist Kaschmirwolle das Produkt, das es zu Weltruhm gebracht hat.
Die hervorragende Qualität wird von Modemachern und Designern weltweit geschätzt.

Auch die Rolle der Frau hat sich in den letzten Jahren sehr gewandelt und immer mehr Mongolinnen behaupten sich als erfolgreiche Künstlerinnen oder Geschäftsfrauen.
Links: Die Schauspielerin Enchtyyl Oidovjamts vom Staatlichen Dramatheater vor einem Gemälde, das »Boerte«, die Frau Dschingis Khans, zeigt.
Mitte oben: Die Direktorin der Kaschmirfabrik Bayan, Chimed Enhtogtoh.
Mitte unten: Die Opernsängerin, mongolisch »Volkssängerin«, Ayurzana Dolgor.
Rechts oben: Die Popsängerin Rinchin Lhamjav, genannt Lhama.
Rechts unten: Die Malerin Sodnom Tugs-Oyun.

Unbekannte Schöne aus Ulaanbaatar in der Steppenlandschaft.

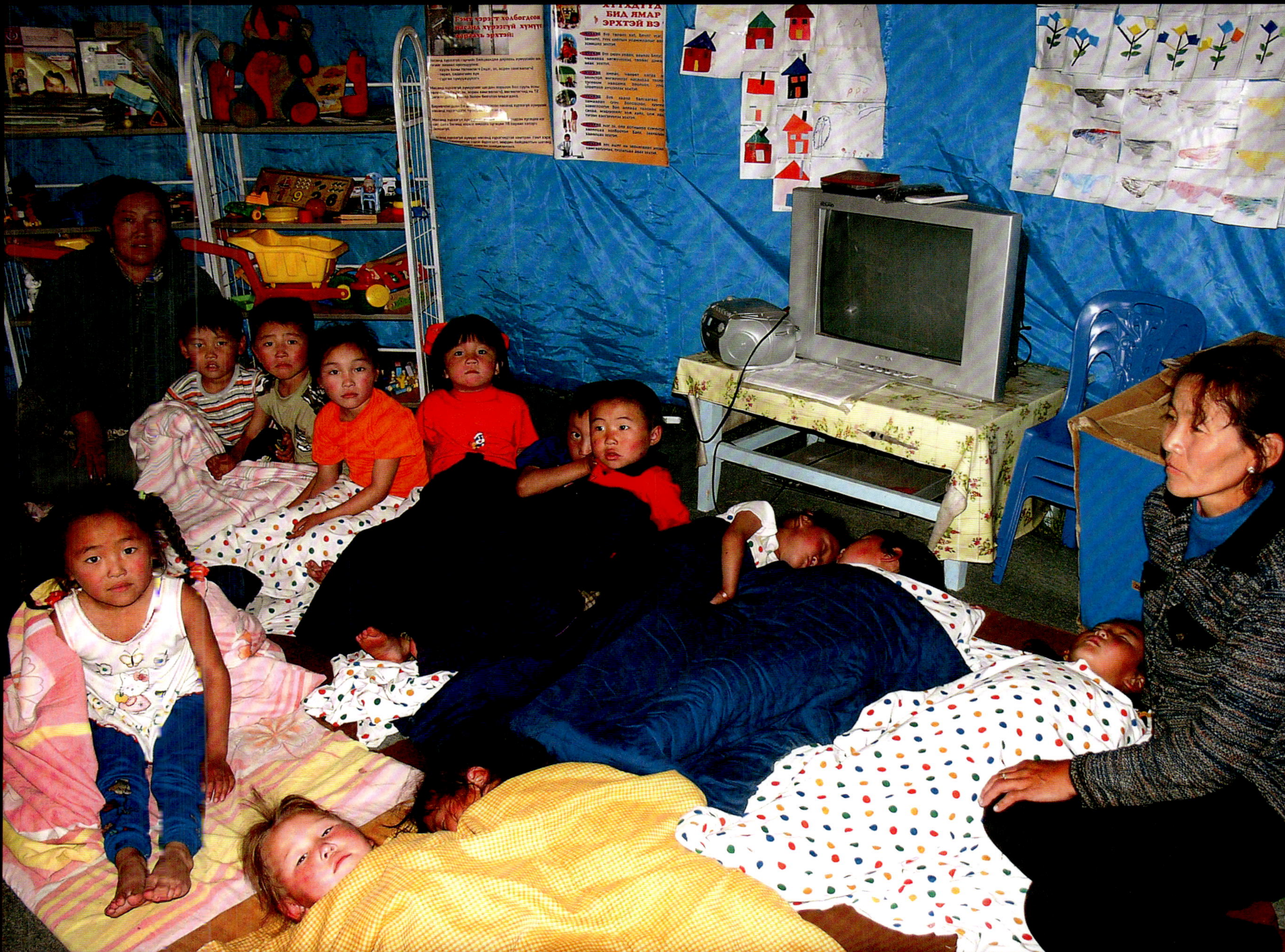

Fünfundsiebzig Prozent der mongolischen Bevölkerung sind unter fünfunddreißig Jahren.
Hier die Nomadenkinder beim Mittagsschlaf im Kindergarten-Ger.

Mongolische Jungen heißen z.B. Boldbaatar = Stahlrecke, Zorigt = der Mutige, Gerelt = der Leuchtende, Zazralt = der Strahlende. Jungen- und Mädchennamen sind Ankzaya = 1. Schicksal, Narangerel = Sonnenlicht, Algaa = Bunte/Vielfarbige.

Mädchen heißen Chimgee = Schmuck, Zezgee = Blume, Suvdaa = Perle, Sarantuya = Mondschein und Alimaa = Äpfelchen.

Linke Seite: Mongolischer Opa, »Övöö«, mit Enkeln, »Ach Nar«, bei Karakorum; vielleicht war er früher Mönch, denn er trägt die gelbrote Mütze bzw. Mönchskappe und dreht die Gebetsketten in seinen Händen.

Vor- und Nachsatz: Geschlossener, »glorreicher« Knoten, eines der acht Glückssymbole im Buddhismus. Der Knoten ist auf vielen Türflächen in der Mongolei aufgemalt und besonders auchan Tempeln und Tempelstätten zu finden.

Bilder im Vorspann:

Seite 1
Seit Dschingis Khan ist die Standarte das Staatssymbol der Mongolei. Diese Nachbildungen bestehen aus Pferdehaaren und dem Feuerzeichen. Eigentlich haben neun Standarten einen ständigen Platz im Parlamentsgebäude und nur beim Naadam-Fest werden sie feierlich ins Stadion getragen und dort aufgestellt. Bei Festen, Zeremonien und Staatsempfängen benutzt man Standarten aus weißen Pferdehaaren, bei Soldatenaufmärschen, Paraden und Vereidigungen die aus schwarzen Pferdehaaren. Die Pferdehaare aus Mähne und Schweif stammen aus allen einundzwanzig Provinzen, »Aimaks«, der Mongolei.

Seite 2/3
Landschaft mit Schafen und Ziegen im Tal des Orchon, des längsten Flusses der Mongolei.

Seite 4/5
Die Steinbodenebene der Gobi mit Kamelen ohne Führer.

Seite 6/7
Huvsgul-See mit Bayan-Nuruu-Gebirge und fünf Ovoo, Steinhaufen, die an besonderen Plätzen errichtet werden.

Seite 8/9
Landschaft bei Moron/Aimakzentrum mit Schafen und Ziegen.

Seite 10/11
In der Gobi: Nomadenfamilie mit einem Freund aus der Stadt; der »Tashuur«, der Peitschenstab, besteht aus Holz und gegerbtem Kamelleder.

Seite 12/13
Bayanzag, eine Felsformation im Saurier-Ausgrabungstal in der südlichen Gobi.

Seite 14/15
Das Camp Juulchin I in der südlichen Gobi bei sternklarer Nacht.

Seite 16/17
Orchon Tal mit Nomaden-Ger und Tieren, östlich vor Karakorum, wo sich einst Hunderttausende von Reitern versammelten, um gegen Westen zu ziehen.

Seite 18
Zwei Details aus den 1990er-Jahren eines mehrere Meter langen Wandbildes, das im Parlamentsgebäude hängt und eine Hommage an das berühmte Bild »Ein Tag aus dem Leben der Mongolei« von Marzan Sharov ist, das heute im Museum der Schönen Künste hängt. Das obere Motiv zeigt einen Khan und das untere, das »Grüne Pferd«, auf dem immer »Maidar«, der Gott der Zukunft, dargestellt wurde.

Alle Aufnahmen: Gregor M. Schmid,
E-Mail: gregphoto@tiscali.de.

Mein besonderer Dank für die tatkräftige Unterstützung gilt:

Herrn Dmitrij Burninov, Leiter Aeroflot Ulaanbaatar;
Herrn T. Batjargal, Generaldirektor von Ar Mongol Travel Group, ebenso dem Manager Herrn M. Ankhzaya,
E-Mail: ar_mongol_travel@magicnet.mn
Herrn Klaus Bader von Khanbräu
und Hotel Mongolia, E-Mail: info@hotel-mongolia.com

Für die sachliche Beratung bedanke ich mich bei:

Frau Algaa Magic, Geschäftsführerin MagicArt, Theresienstr. 75, 80333 München, www.burged.de
Herrn Temuujin Dashdejid, Freier Fremdenführer in UB,
E-Mail: Temuujin60@yahoo.com;
Herrn Joachim Baader, Galerie Tibetischer Kunst, Ludwigstr. 11, 80539 München;
Herrn Gerhard Waldherr, Journalist, Berlin.

Meine Empfehlung für Reisen in die Mongolei:

»Dugana Khad Resort« Ar Mongol Travel Group
www.armongoltravel.com
»Mongol Palace Camps«, Dr. Weiglein Expeditions GmbH,
www.khans-of-mongolia.de
Hotelempfehlung in Ulaanbaatar (Umgebung):
Hotel Mongolia, vom 01.05. bis 30.09.,
www.hotel-mongolia.com und
Hotel Mongolia Repräsentant Germany
www.hotel-mongolia.de

Zum Hinkommen:
Lernidee-Erlebnisreisen Berlin, www.lernidee.de

Der Text »Ozeangleicher Herrscher – Dschingis Khan« mit freundlicher Genehmigung von Dr. Brigitte Moser-Weithmann.
Redaktion: Sabine Jaenicke
Schutzumschlag und Layout: Wolfgang Heinzel
Schutzumschlagmotive: Gregor M. Schmid
Karte: Eckehard Radehose, Schliersee
Gesamtherstellung: Peschke Druck GmbH/Tausend Verlagsservice, München
Dieses Werk wurde im Aniva-Druckverfahren hergestellt.
Printed in Germany
ISBN 3-485-01073-1

www.nymphenburger-verlag.de